孩子的专注力，90%可以靠控糖提升

三岛学堂的神奇育儿法

[日] 三岛学◎著 [日] 江部康二◎主编 谢嘉怡◎译

天津出版传媒集团
天津科学技术出版社

著作权合同登记号：图字 02-2023-059号

图书在版编目（CIP）数据

孩子的专注力，90%可以靠控糖提升：三岛学堂的神奇育儿法 / (日) 三岛学著, (日) 江部康二主编；谢嘉怡译. -- 天津：天津科学技术出版社, 2023.8

ISBN 978-7-5742-1105-6

Ⅰ. ①孩… Ⅱ. ①三… ②江… ③谢… Ⅲ. ①注意—能力培养—儿童教育—家庭教育 Ⅳ. ①G781

中国国家版本馆CIP数据核字(2023)第068511号

孩子的专注力，90%可以靠控糖提升：三岛学堂的神奇育儿法

HAIZI DE ZHUANZHULI,90% KEYI KAO KONGTANG TISHENG SANDAO XUETANG DE SHENQI YUER FA

责任编辑：杨　谖

责任印制：兰　毅

出　　版：天津出版社传媒集团 / 天津科学技术出版社

地　　址：天津市西康路35号

邮　　编：300051

电　　话：（022）23332490

网　　址：www.tjkjcbs.com.cn

发　　行：新华书店经销

印　　刷：北京中科印刷有限公司

开本880×1 230　1/32　印张7.25　字数150 000

2023年8月第1版第1次印刷

定价：48.00元

含有糖分的不光是有甜味的食品，被称为“主食”的米饭和面条中也含有大量糖分。

所谓控糖饮食，就是少吃米饭、面包、面条等谷物，以及薯类等含糖量高的食品，充分摄入肉类、鸡蛋、鱼类、贝类、豆腐、蔬菜和海藻等食物。

日本京都高雄医院理事长

江部康二

✧中文版序✧

吃油条稀饭还是牛奶鸡蛋，孩子的学习成绩很可能大不同

在日本，有一所非常奇怪的学堂，叫三岛学堂。这所学堂有四大怪——

第一怪：同一班的学生年龄参差不齐，既有小学生、初中生，也有即将参加高考的学生。不仅如此，这些学生几乎个个都有问题，不是有学习障碍，就是注意力缺乏，要不就是极度厌学，学习成绩一塌糊涂。这个学堂可以说是各个年龄段“学渣”的大汇聚。

第二怪：学堂不给学生上课，老师仅仅根据每

个学生的水平发放教材，然后再一一回答学生的问题。他们遵循心理学家阿德勒提倡的原则——不表扬、不批评、不教导。

第三怪：学堂不授课，却把主要精力放在学生的饮食搭配上。学堂主张“厨房与课堂同样重要”，致力于通过“控糖饮食”来提升孩子的专注力和学习成绩。他们认为学生学习不专心，打瞌睡，或急躁易怒、情绪不稳定，极有可能是饮食出了问题。例如，如果学生每天早上摄入大量油条、稀饭和馒头等碳水化合物，那么血糖难免不产生波动，而随着血糖的忽高忽低，孩子就会感受到不同程度的疲劳、无力、紧张和焦虑，在学习时便很难集中精力。

第四怪：这些昔日的“学渣”吃了一段时间“控糖饮食”后，似乎开了窍，学习变得主动、专注，成绩直线上升，有的仅仅通过 2 个月的时间，就从不合格跃升为合格，而很多参加高考的考生转而成为“学霸”，被第一志愿录取。

三岛学堂神奇的效果，令无数家长惊叹不已。

T 女士：我家孩子一开始的模拟考成绩只有 C 级[1]，寒假的时候去三岛学堂学习，在那里每天吃控糖饮食。等到寒假过完，考试就拿到了 A，而且最后成功考上了理想的学校。过去孩子情绪不稳定或学习成绩下降时，我只能在心里干着急，但现在不一样了。我会先想到调整一日三餐，在主食和零食上控糖。

K 女士：我们家三个孩子都在三岛学堂学习，之前饮食中碳水化合物多、糖分重，孩子学习总是不专心。后来改变了饮食习惯，孩子们的注意力大幅提升，也不用我催着他们学习了。我自己也不再

1　C 级表示被第一志愿学校录取的可能性只有 40% ～ 60%，A 级表示录取的可能性为 80% 以上。

那么焦躁，亲子关系越来越融洽。

R 女士：虽然不知道什么原理，但经过一段时间的控糖饮食，孩子在专注力和学习能力方面都有了很大的提升，社团活动一次不落，学习也能跟得上。真不可思议，没想到孩子的学习问题竟然可以通过调整饮食来解决。

A 女士：我刚开始接触控糖饮食的时候有些犹豫：一是对其效果不太肯定，二是觉得专门做控糖食谱比较麻烦。但为了孩子，后来我还是尝试了一下，发现不仅整个过程，包括买菜、做菜、收拾都挺轻松，效果也特别好。

…………

三岛学堂虽然规模很小，每年只招收 40 名学生，但由于其令人惊讶的成就，名气越来越大，每年有数千名家长慕名而来。不仅东京、大阪、京都、福冈、大分和宫崎的家长蜂拥而至，还吸引了世界各地的家长。

为什么“控糖饮食”能够很快让“学渣”变“学霸”呢？

这是因为“控糖饮食”源自于著名的“生酮饮食”。

人体有两种重要的能量来源：糖和酮。糖，是碳水化合物的一种形式，是人最主要的能量来源之一。当我们消化吃进去的米饭和面条时，它们会被分解为葡萄糖，并通过血液运送到细胞中，给身体供能。酮体，是由脂肪分解产生的。当人减少碳水化合物的摄入后，身体会分解脂肪产生酮体，供给大脑和其他组织使用。

人体以葡萄糖为燃料时，会产生很多“废物”，如自由基等，同时过多的葡萄糖还会让人昏昏欲睡，精神萎靡不振。而酮体是一种干净的能量来源，身体以酮体为燃料时，只会产生二氧化碳和水，不会产生自由基。正因如此，有人将人体比喻为油电混合汽车，糖是油，酮体是电。

通常情况下，大脑依靠葡萄糖供能，但当我们采用“控糖饮食”后，大脑则可以高效利用酮体来满足其能量需求。有研究表明，酮体能够穿越血脑屏障，对大脑神经递质产生作用，例如，影响谷氨酸在大脑中的水平和代谢，让谷氨酸和 GABA（Gamma-Aminobutyric Acid，又叫 γ-氨基丁酸）达到平衡。谷氨酸是一种重要的神经递质，参与学习、记忆、认知功能和神经发育等多种神经活动。而 GABA 是一种抑制性神经递质，对稳定情绪和缓解焦虑有重要作用。早在 100 多年前，生酮饮食就被运用于治疗癫痫。

当然，三岛学堂的“控糖饮食”并不像生酮饮食那样极端限制碳水化合物的摄入，而只是让孩子少吃主食，多吃蔬菜、肉、蛋、鱼等，头脑就能更清醒，情绪更稳定，学习上更专注。

如今出版的这本书，囊括了三岛学堂的所有精华，我们从中可以领悟以下几点：

一、厨房与课堂同等重要。孩子在课堂上的诸多表现，与饮食有着莫大关系。我们不能寄希望于把自己在厨房犯下的错误，留到课堂让老师来解决。相应的，我们却可以通过调整饮食，解决孩子课堂上的问题。

二、培养孩子专注力，得从厨房开始。如果孩子上课时注意力不集中，理解力变差，小动作不断，请不要急着批评他们，也不要盲目责怪学校和老师，最好先看一看孩子的饮食。

三、孩子的学习成绩不完全取决于基因，也不完全取决于学校和老师，很有可能取决于父母早餐给孩子吃的是油条稀饭，还是牛奶鸡蛋。

涂道坤

目录

第1部分 提升专注力，关键在于控糖

第2部分 采用控糖饮食后，孩子们的巨大变化

第3部分 厨房与课堂同等重要

第4部分 不表扬、不批评、不教导——用阿德勒心理学加持孩子专注力

饮食可以让基因变得更好或者更糟

沟口彻 / 日本新宿沟口诊所院长

有一句名言：你现在的样子，都是你吃出来的。

现在，人们越来越清晰地认识到，营养在维持基因表达和功能方面发挥着重要作用。我的诊所以调节饮食和补充营养素为主要治疗手段，我用这种在医学上被称为“基因矫正疗法”的方法医治患有孤独症、发育障碍和特应性皮炎的儿童。

该疗法严格要求患者在日常饮食中控制糖分的摄入。经过一段时间的治疗，患有精神障碍的孩子最终能转到普通班级上课，被诊断为学习障碍的孩子成功考上了一流大学……很多患者的情况都获得了显著的改善。

越来越多的资料显示，食物除了提供热量、脂肪、蛋白质和微量元素外，还是一个强大的遗传基因调节器，可以改变我们的基因，让我们的基因变得更好或者更糟。

许多与大脑有关的现代疾病，都与高糖饮食有关，例如慢性头痛、失眠、焦虑、抑郁、癫痫、运动障碍、精神分裂、注意力缺陷多动障碍（ADHD），以及阿尔茨海默症等。相反，减少糖分的摄入不仅延年益寿，还可以让下列疾病得到改善——

糖尿病

记忆力衰退和轻度认知障碍

学习障碍

注意力缺陷多动障碍

抑郁症

情绪障碍

焦虑

癫痫

失眠

慢性头痛和偏头痛

肥胖

…………

在此之前，在儿童控糖的问题上存在着很多反对的声音。然而，三岛学老师将控糖饮食法应用到学堂的教育中，以实际成果告诉我们，控糖不仅有助于孩子学习的提升，在稳定情绪等方面也颇有成效。

如今，是否应该对发育期儿童进行控糖的讨论仍在继续。但从我们诊所长期控糖的孩子以及三岛学堂学生们的变化来看，我相信答案已经非常明显。

让孩子少吃主食1个月，专注力就能大幅提升

冈田清春 / 日本冈田小儿科医院院长

控糖饮食是一种多食用蔬菜、肉、鱼、蛋与乳制品，少食用含糖量较高的主食，让身体充分摄取必须营养素的饮食法。很多孩子在减少糖类的摄取量之后，饭后不再犯困，早上起床之后神清气爽，不但情绪稳定，专注力也大幅提升了。

在我们医院，治疗儿童癫痫所采取的饮食就是生酮饮食法，这种饮食法用更多的脂肪和蛋白质代替碳水化合物，可以让癫痫不再发作。

现代社会中到处充斥着甜食的诱惑，持续控糖实属不易。然而，跟随我们进行控糖饮食的孩子们，

比大家想象的更聪明。尽管采取控糖饮食（生酮饮食）的情况各有不同，但他们的母亲都说，孩子们专注力明显提高了很多，身体也越来越健康了。

当然，也有很多家长对控糖饮食表示担心，主要集中在以下两个方面：

第一是有些人担心控糖饮食可能影响孩子的健康成长。这其实主要是因为对控糖饮食的实际内容不了解，再加上无法舍弃过去计算饮食热量的习惯，在这种情况下，盲目采取错误的控糖方法确实会造成营养不足，甚至危害健康。

第二是有的人担心作为脑部营养的葡萄糖供给太少的话，会影响智力发育。但实际上，大脑的能量来源，可以转换为产自脂肪的酮体。

想要健康成长，就要摄取足够的脂肪与蛋白质。糖类能提供热量，却不是身体组成的原料。如果摄取过多的糖类，会透过胰岛素合成为脂肪细胞中的脂肪，体重虽然会增加，却无法生成骨骼与肌肉。

同时，需要指出的是，控糖并不是完全不摄入糖，而是尽量不摄入过量的糖，或者富含糖的垃圾食品。适量的糖分摄入，对大脑的成长和发育来说，还是不可或缺的。

三岛学堂运用的控糖饮食带给孩子的改变，让我大吃一惊。让孩子少吃米饭、面包、乌冬面这类含糖量高的食物，相信只要短短 1 个月，就能感受到孩子整个人焕然一新。

孩子迟钝，很可能是吃了太多高糖饮食

江部康二 / 日本高雄医院理事长

很多年前，我和三岛校长开始踏上了“儿童控糖”之路。回想起来，这条路布满荆棘，并不好走。我们生活在一个“糖海茫茫”的世界中。放眼望去，超市的货架上几乎没有无糖的食物。在这种氛围中，家长们会觉得，大家都在吃这些含糖的食品，我家孩子吃吃也没事，因此也就不会过多关注控糖。

另外，含“糖”食品确实充满诱惑力。人的味觉细胞中有很多甜味受体，所以对甜味有一种天生的偏好。而且，糖本身是一种很容易让人上瘾的成分。人吃了甜味食品后，会通过神经传导传送愉悦的感觉。它跟咖啡因、烟、酒和毒品的效果有些相似，让你吃了还想吃。在这样的情况下，试图让儿童控糖可谓困难重重。

2017 年 2 月 7 日，我来到东京大学医学院附属医院，在那里与渡边昌先生、门胁孝先生进行了一番畅谈。渡边先生是《医与食》杂志（生命科学振兴会出版）的主编，而门胁先生是日本糖尿病学会的理事长，同时也是东京大学研究生院医学系研究科的糖尿病与代谢内科的教授。这次见面，可谓是日本糖尿病学会的最高权威与我这个控糖先锋的一次历史性会面。

那天我们讨论了很多问题，大家普遍认为：现在的父母都很关心孩子的学习成绩，但有时我们往往忽视了一个问题，那就是影响孩子成绩的因素，除了家长的督促、学习方法、老师的授课方式外，营养也很关键。

在营养因素上，糖的影响力是很关键的。适量的糖可以让孩子有足够的能量供给一天的体力消耗，但是持续摄入过量的糖却可能导致孩子大脑海马体缩小，进而影响孩子的记忆能力，让孩子变得迟钝。

因此，控糖饮食不仅要在医学界引起重视，更值得关注孩子学习的父母重视。

后来，三岛学堂校长三岛学找到了我，跟我讲述了他们学堂正在推行的食谱和教学理念，我们一拍即合，决定一起来出版一本关于如何通过减少饮食中的糖分来帮助孩子更好成长的书。

通过“控糖饮食”提升孩子的学习积极性和成绩，说起来很简单，但实际上能成功做到的，放眼整个日本大概就只有三岛学堂了。三岛校长每天亲自为学生们提供控糖餐食，并在教学中融入了阿德勒心理学的精髓——不表扬、不批评、不教导。深度接纳孩子，充分信任他们，两者结合，相得益彰。

各位读者，我衷心希望本书能让大家读后有所收获，运用三岛学堂的控糖饮食和育儿法，让你的孩子变得更健康、更有干劲、更朝气蓬勃。

奇怪的三岛学堂：靠厨师提升孩子学习成绩

三岛学 / 三岛学堂校长

全世界几乎所有学校都是靠好老师来提升孩子的学习成绩，而三岛学堂的成功秘诀却不是靠老师，而是靠厨师。

想必家有学生的父母们都有如下烦恼——

“孩子不爱学习，总是不想上学。”

“去了辅导班，可成绩完全没有进步。”

“总说‘不行’，然后就撒手不干。”

“爱发脾气，也不听人说话。”

“安静不下来，偶尔有些举动会把我们吓一跳。”

“想努力学习，但总是懒洋洋的，没有精神。”

“社团活动一停，孩子就越来越胖，体重都超标了。”

…………

这些烦恼无穷无尽，用尽各种育儿方法，似乎也是治标不治本。

有时候被学校老师问：“孩子最近常常上课打瞌睡，是不是在家没睡好？”有的孩子确实是这样，写作业磨蹭，只能推迟入睡时间，导致睡眠时间减少。但有些孩子的情况并非如此。有的孩子睡眠时间并不少，这种时候，父母真的不知道该如何调整孩子的生活，让孩子保持好的学习状态了。

父母经常觉得看电视、打游戏会影响孩子的学习。但也有越来越多的证据显示，那些打游戏打得特别好的孩子，专注力和学习效果并不像大家想象的那么差，相反有的孩子学习成绩还特别好。可见电视、游戏并不能完全影响孩子的学习状态和效果。那到底还有什么因素会影响孩子的学习状态呢？

有一种因素就是饮食。多年的教学生涯告诉我，在饮食上做出调整，孩子专注力差、学习效果不好的问题都能迎刃而解。

我曾在高中任教，也在大型预备校[1]当过讲师。2008 年，我创办了“三岛学堂”。

三岛学堂一共只有 40 个学生名额，在北九州有 30 名学生，后来在东京又有 10 名学生加入。与拥有一流讲师的大型辅导机构相比，三岛学堂只由我、妻子和次子三个人经营，规模确实不大。可尽管如此，三岛学堂的口碑还是逐渐传播开了——

---

1 日本国内机构，主要为即将参加升学考试、职业资格考试、就业考试等各种考试的在校学生和成人提供教育服务。

“自从进了三岛学堂，孩子越来越喜欢学习。”

“孩子的成绩突飞猛进。”

“现在不用我催，孩子自己就会主动学习。”

“孩子现在能静下心来，长时间专注学习了。”

“老师说我家孩子绝对考不进那所学校，但孩子最终还是考上了。”

现在三岛学堂越来越受欢迎，想报读的人也越来越多，其他城市甚至海外的父母，也想趁着暑假将孩子送到三岛学堂来学习。

以在三岛学堂备战小升初考试的学生为例，他们经过 3 个月的学习后，大多数孩子的专注力都得到了大幅度的提高，性格也变得更加沉稳。

你一定会有疑问，这到底是怎么做到的？

秘诀就是，三岛学堂是全日本唯一一家“通过控糖饮食，提升孩子专注力的育儿研究所”，而我本人也由一位老师变成了一名厨师，亲自为学生们准备控糖餐食。

三岛学堂的餐食在控制糖分摄入的同时，能为大脑提供充足的营养。相关的科学论据，我将会在正文部分做出详细介绍。通过改善饮食，我们帮助学生将大脑调整至最佳的学习状态。这样，孩子就不会在学习的时候或餐后犯困。大脑能量充足，焦躁情绪就能得到有效改善，甚至有很多不肯上学的孩子也愿意重新回到学校。

其次，三岛学堂不像其他辅导班那样实行“集体授课”，而是更多地采用了阿德勒的个体心理辅导法。

在我们这里，既有小学一年级学生，也有高考复读生，因为他们年龄参差不齐，想报考的学校级别也各不相同，所以无法一起上课，但无一例外的是，他们在这里都得到了最好的“个性化辅导”。

我们会为每个孩子提供符合各自水平的复习资料，让他们按照自己的节奏学习，再对他们提出的问题进行一对一指导。

运用“控糖饮食”与“阿德勒心理学”相结合的育儿法，我们在实际教学中已看到了显著的成效。在本书中，我将毫无保留地与你分享其中的秘诀。

无论你是希望不爱学习的孩子能提升成绩，还是备战小升初考试，或者是希望孩子能兼顾好学习与社团活动，通过我们的控糖饮食与学习指导法，一定能帮助孩子摆脱焦躁不安的学习“苦海”，引导他们踏入积极自主的学习“乐园”。

控糖前与控糖后孩子的变化

控糖前，你家孩子是否有这些现象？

好痒
好痒
很烦躁
气呼呼
想吃甜食……
不知道为什么
心情很糟糕
咳咳
咳咳
浑身没劲儿

控糖后，孩子的改变：

专注力提升

成绩变好

耐力增强

考上名校

运动能力提高

精力更加充沛

个性更加温和平静

过敏、哮喘症状得到改善

厌学情绪改善

抑制肥胖

学习障碍和多动症得到改善

预防蛀牙

你能答对以下问题吗？

首先和孩子一起来试试吧！

人体除了水分和脂肪，哪种物质占比更多？

A 糖类

B 蛋白质

正确答案 B

人体由55%～65%的水、
15%～20%的蛋白质、
15%～30%的脂肪、
4%～5%的维生素和矿物质，
以及1%的糖分组成。

蔬菜应该吃多少？

A 适量即可

B 多吃不怕

正确答案 A

根茎类蔬菜糖分较高，
所以最好以叶菜类蔬菜为主。
特别推荐茼蒿、
水菜、小松菜和油菜。

需要吃早餐吗?

A 需要

B 不需要

正确答案 都可以

可根据不同的家庭生活方式
和个人体质决定。

今天也
要加油！

孩子每天饮食中糖分和其他营养物质的需求量

据美国心脏协会（AHA）于 2016 年 9 月 21 日发表的数据显示：如今，越来越多的人由于摄入过多糖分而患上肥胖症和高血压等疾病，进而增加了患心脏病的风险。因此，减少糖分要从小就开始。

孩子每天吃糖不能超过25克！

2 岁以下婴幼儿的餐食和饮料中不应加入糖分。

2 ～ 18 岁的青少年儿童，每周不能饮用超过 1 杯（约 230 克）的加糖饮料。

一天需要吃的肉类、鱼类、蛋类的分量则可以通过下面这个公式来计算：

比如，一个孩子体重是40千克，那么他每餐需摄入富含蛋白质的食物大概是100克。

理想体重（千克）		系数		每天最低摄入量（克）
40	×	7.5	=	300

每餐需摄入富含蛋白质的食物为100克
（如：每餐一个鸡蛋50克+肉类50克）

蛋类

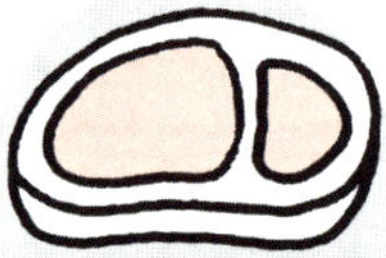

肉类

鱼类

奶酪

控糖就是：

少吃主食，

多吃肉类和蔬菜！

第1部分

提升专注力，关键在于控糖

在这一部分，我们将介绍三岛学堂的最大特色——控糖饮食。为什么控糖可以提高孩子的专注力和成绩？具体应该如何进行控糖？除了控制糖分摄入外，还需要注意什么？父母们所关心的问题将一一得到解答。

偶然发现，意外收获

控糖对身体大有裨益，这是我患上糖尿病以后的一个意外发现。

10 年前，我还在预备校当老师。在这之前的 20 年教师生涯中，我每天的作息大致如下：

· 早上 6 点起床。

· 7 点出门，8 点上班。

· 9 点开始上课，每节课 90 分钟，共 5 节。

· 常规课程结束后，对学生进行一对一辅导至晚上 10 点左右。

· 回家后准备第二天的课程；编写参考书或模拟试卷。

· 凌晨 2 点睡觉。

长期这样生活，我的身体状况每况愈下，开始出现疲倦乏力等疲劳的症状，等我意识到问题的严重性，去医院问诊时，才知道自己已经患上了糖尿病。

虽然辛苦的时候也想过辞职，但为了养家糊口，还是咬牙坚持了下去。等到长子结婚的时候，我才下定决心辞职，并开办了“三岛学堂”。

与此同时，我这才终于有时间去治疗糖尿病。

在糖尿病专科医院治疗初期，医生给我开的药多得吓人，后来慢慢地情况有了好转，药量也降了下去。最后终于不用吃药，也无须再去医院了。可没想到仅仅过了 1 年，病情又加重了，医生又一次对我说：“我给你开点药吧。”

我当时大受打击，也因此意识到，生命还是要掌握在自己手里，于是便独自开始寻找治疗糖尿病的专家。在这个过程中，我遇到过严格控制病人饮食，只允许病人吃几种特定食物的医生；也遇到过向病人推销几十万日元的教材和食品的医生。见识过这些形形色色不大靠谱的所谓专家后，我最终找到了控糖饮食领域的最高权威——京都高雄医院理事长江部康二医生。

江部医生不同于之前的那些专家，我在博客向他咨询的时候，他很爽快地给出了确切的回复，这让我感觉到这个人是可靠的。

后来我在江部医生的推荐下尝试控糖饮食，几十年来一直很糟糕的肝功能居然在短短 1 个月内就有了好转。病情也逐渐稳定下来，只要控制好糖分的摄入就不用担心，身体很多方面的状况都有了显著的改善。

有一次，我的学生问我："三岛老师，您一年到头都不怎么休息，每天工作近 14 小时，精神状态还是那么好，这是怎么做到的？"这时我才开始注意到控糖饮食带给自己的变化。

后来又有好几个孩子说想尝试一下。

因为学生总提这个要求，我便试着让他们跟我吃一样的食物，结果发现他们的专注力获得了惊人的提升，饭后不犯困，成绩也直线上升。

后来，越来越多的家长跟我反馈，自己的孩子在进行控糖饮食后，学习劲头更足了。

在那个时候，我才发现，自己的经验竟然给孩子带来了这么大的帮助。控糖不仅能改善身体状况，还能提升孩子的学习力。

聪明是吃出来的

俗话说“身体是吃出来的”。

一提到身体，我们很自然就会想到肌肉和筋骨，其实大脑也会受到食物的影响。

饮食和大脑以及心理健康有着密切的联系，而且这种联系是双向的：饮食不当会影响心理健康，而心理健康问题反过来又会导致不良的饮食习惯。

这就是为什么当我们吃到喜欢的或者美味的食物时，心情会随之变得愉悦。但是，让心情愉悦的东西也有两面性。人的身体对甜腻的东西有一种天然的偏好。含糖高的食物虽然好吃，但营养水平不高，还容易让人上瘾，类似烟瘾和酒瘾，虽让人愉悦，但会损害大脑和身心。

有学者研究发现，青春期每天食用含糖饮料会损害成年后学习和记忆能力。对于青少年来说，吃太多富含糖的垃圾食品，不仅可能导致肥胖，还有可能让学习能力下降。通过脑部扫描显示，肥胖的青少年的脑部海马体更小，在数学、拼写和思维灵活度上都不如体重健康的同龄人。海马体是大脑中负责记忆和学习的核心部位，对大脑正常工作的影响是不言而喻的。

曾有研究团队给予幼鼠正常食物和11%的相当于饮料的含糖食品，实验结果表明，吃糖的幼鼠的辨别能力受到损害，而没有吃糖的幼鼠则能够完成任务。

这些结果表明，在孩子成长早期过量摄入糖，有可能会损害他们海马体的学习和记忆能力。

进一步分析确定，生命早期的高糖饮食会导致肠道微生物组中副拟杆菌的水平升高，而副拟杆菌的水平越高，记忆力缺陷就越明显。这表明肠道菌群的改变也会损害记忆。

然而，不少父母对于高糖饮食的危害认识不足，当孩子问他们“为什么不能吃糖”时，他们的回答往往是“糖吃多了会长蛀牙”，至于其他更大的危害性却并不知晓。

吃糖太多不仅会长蛀牙，还会降低孩子的认知能力。相反，控糖饮食却能让孩子变得聪明。

因此，在选择饮食的时候，不仅要给身体补充营养，更要注意给大脑提供恰当的营养，才能维护身心的健康。

或许，我们应该这样说，不仅身体是吃出来的，智慧也是吃出来的。

那么，到底什么样的饮食对大脑和身体有益？可能你会想到一些特别的饮食方式。

然而思路其实非常简单。

人体由55%～65%的水、15%～20%的蛋白质、15%～30%的脂肪、4%～5%的维生素和矿物质，以及1%的糖分组成。

从这个构成比例中我们发现，在饮食中人体需要摄取的糖分占比很小，而一向我们比较排斥的脂肪量却很可能是不够的。

以往我吃牛排的时候总会剩下肥的部分，因为那时候我总认为脂肪对身体不好。

进行控糖以后，我越来越注重饮食，越来越关注身心所需的食物比例，也才终于抛开了一些固有的偏见。实际上，欧洲人也十分重视摄取肉类脂肪。匈牙利的国宝曼加利察猪以及西班牙的伊比利亚猪，最有营养的部位都是其身上肥厚的脂肪。

说到脂肪，脱水后的大脑构成中，脂肪与蛋白质的比例为6∶4，脂肪含量相当高。

然而在日本，提倡的饮食比例却是蛋白质：脂肪：碳水化合物(糖类+膳食纤维)=15 ： 10 ： 60。

从这个比例来看，我们现在的实际饮食摄入量，供给大脑的营养其实还远远不够。

所以，孩子的很多身心问题，很多时候都是由糖分摄入太多，而脂肪、蛋白质、维生素和矿物质摄入不足所导致的。

03

控糖后，
小学生也能集中精力学习12小时

当今社会，儿童的饮食存在着各种各样的问题，如脂肪、蛋白质和铁等矿物质摄入不足等，但其中最为严重的，则是糖分摄入过量这一问题。

去超市或便利店买东西的时候，留心观察一下货架上的商品就会发现，其中有很多都是高糖食品。

江部康二医生对此有一个极为贴切的形容——“糖海茫茫”。现代人由于过于忙碌，又或者觉得“大家都这么吃不也没问题吗”，就不管不顾地天天吃高糖食物。这种“大家都这么吃不也没问题吗”的心态有一个非常严重的误区就是，“大多数人都这么做，我这么做肯定没问题”。如果你要进行反驳，马上就会有人站出来质疑：难道大多数人都不懂吗？

事实上，没有正确的饮食观，就很容易陷入这种盲从状态。所以你会发现：虽然我们每天都在吃，食物种类也非常丰富，却还是出现了营养不足的问题。这可谓是一个“新型营养失调”的时代。

其实，想要吃出少生病、不吃药的好体魄十分简单，只要遵循人类原来的低糖饮食方式就可以。

早、中、晚三餐少吃主食（包括米饭、面包、面条）以及糖分过多的点心，多吃肉类、蛋类和叶菜，就能拥抱健康生活。

迄今为止，人类的历史大约有 700 万年，在这漫长的历史长河中，谷物栽培史只有短短的 5 000 年，我们以含糖谷类为食物的历史非常短。这之前，人类赖以生存的方式是狩猎、采集和捕鱼，食物以哺乳动物、鸟类、鱼类为主，辅以采摘的水果和坚果。这意味着在人类进化中，脂肪和蛋白质才是我们新陈代谢首选的燃料，而非碳水化合物。

也可以这样说，人类的体质原本适应了高脂肪、低碳水的低糖饮食。后来由于谷物栽培，有了丰富的碳水化合物，我们才开始逐渐趋向于高碳水、低脂肪的高糖饮食。

虽然农业的发展，为我们提供了可靠的食物来源，也促进了人类社会的进步，但当我们将碳水化合物的摄入量提高到50%～60%之后，经历700万年形成的体质，不可能在这么短时间内就发生改变。进化需要的时间跨度很长，人类的消化器官尚未适应以谷物为主的饮食，对于精加工的现代食物更是如此，于是，许多身体问题、精神问题便接踵而至。

美国医学博士戴维·珀尔马特说：“虽然脑部功

能失调的起因和发展有很多原因，但在很大程度上，许多神经系统的痛苦往往是由于错误地摄入了太多的碳水化合物和太少的健康油脂所致。”

事实上，人类的身体不适应以谷物为主的饮食，以碳水化合物为主的主食并非不可或缺，即使我们一直在吃主食，也并不代表就必须要以主食为主。正如前面所提到的，在人体的构成物质中，糖类仅仅占了 1 %。

也就是说，人体实际每天只需要一茶匙左右的糖分就可以了，然而日本国民在日常饮食中摄取的碳水化合物总量却高达 60% 之多，这与人体本身所需的食物构成比例严重背离。

因此，为了守护孩子和自身的健康，我们自己必须掌握正确的知识。孩子还不会合理安排自己的饮食，所以真正爱孩子的父母就要替他们多费点心了。

在此，我们有必要澄清一个错误观念——“大脑的营养来源只有葡萄糖”。对于没有线粒体的红细胞来说，葡萄糖的确是必不可少的。然而除了葡萄糖外，由脂肪分解产生的酮体也是大脑的能量来源之一。

在农耕社会之前，人类的食物以脂肪和蛋白质为主，这是身体在以酮体供能，然而，当我们以谷物为主要食物之后，身体便开始将酮体供能转变到以葡萄糖供能，这种急剧的变化令人类机体难以适应，可以说，现代人的很多疾病都根源于此。

摄入糖分→血糖值升高→情绪亢奋（具攻击性）→血管壁受损（容易引发肩周炎、寒冷诱发的心肌梗死、脑梗死等）→血糖值下降（出现抑郁情绪）

这便是糖分摄入过量的不良后果。如果每天都处于这样的反复循环中，身心就会出现越来越多的毛病。

前面也说过，为了改善糖尿病而开始控糖以后，我在几乎全年无休的工作强度下也能保持良好的精神状态，饭后也不犯困，后来学生们纷纷效仿，结果注意力和成绩都得到了提升。

如果大脑的营养来源只有葡萄糖，那么按理来说，长期采用控糖饮食的我和学生们都会难以集中注意力，成绩也提不上去。

当然，光少吃碳水化合物是远远不够的，还需要摄入足够的脂肪、蛋白质、维生素和矿物质，只有摄入营养丰富的食物才能保持孩子一天的精力充足，应对紧张的学习。

事实胜于雄辩，控糖饮食确实是一种合理的营养摄取方式。控糖后的学生，哪怕只是读小学的孩子，也能集中精神学习 12 小时。

04

控糖3小时、3天、3周后身体出现的变化

常常听到这样的疑问："我想试试控糖，但不清楚该怎么做。"

其实答案很简单。只要从你的一日三餐中减少米饭、面包、面条的含量，再增加相应分量的其他菜肴就可以了。

· 控糖 + 减盐 = 双倍效果

原本为了下饭，人们通常会在做菜时加入很多调味剂，这样会使菜的味道更加浓郁，容易勾起人的食欲。现在少吃主食，自然可以少放点调料。这样一来，控糖之余还能达到减盐的效果。

如果想吃沙拉，可以选一些自己喜欢的叶菜，用“50℃清洗法”（用50℃左右的热水清洗食材，能令食材回鲜，味道和口感也会变得更好）洗净后沥干，用手将其撕成小块，再撒上盐、胡椒，淋上橄榄油和柠檬汁，搅拌均匀即可。

这样吃沙拉能更有效地摄取维生素C和激活肠道菌群的膳食纤维。

·进餐顺序，影响热量摄入

在减少主食摄入量的同时，其他食品的摄入顺序也很重要。一般要先吃肉类和蛋类，吃饱后再吃蔬菜。如果顺序颠倒，热量就会摄入不足。

所以大家一定要注意了，有些人感觉自己控糖之后变得没精神，这很可能是他们错误的进餐顺序造成的。

· 控糖 3 小时后的效果

因此，在控糖的时候如果能保证充足的营养摄入，那么逐渐地，哪怕不吃早餐（当然，还是要尽量吃早餐），到了上午 10 点也不会感到饥肠辘辘。

而午餐减少糖类摄入，下午就不会犯困。这就是控糖 3 小时后的效果。

· 控糖 3 天后的效果

再坚持几天，傍晚时分血糖下降引起的情绪低落、疲倦乏力等症状也会消失。这就是控糖 3 天后的效果。

· 控糖 3 周后的效果

晚间控糖，则能令腹部脂肪逐渐消减。这就是控糖 3 周后的效果。

如果能坚持 3 周，在聚会或吃某一顿饭时，偶尔破戒吃一点糖类食物问题也不大。当然，为了避免效果打折扣，还是不能过于松懈。

我曾经在讲座中说过：“坚持 3 年就能成为控糖专家，希望大家都能向着这个目标努力！”坚持 3 年听着很难，但其实控糖后人会变得身心舒畅、头脑清晰，自然也就不想再吃高糖食物。

05

吃控糖饮食3个月，就能拥有一个营养充足的“新大脑”！

有不少人问：“发育期的孩子也可以控糖吗？”就像前面所说的，三岛学堂的孩子们都不爱生病，个子也不矮，而且专注力和成绩都在不断提升，这都得益于控糖。

经过 3 个月的控糖，大多数孩子都能更好地集中注意力，长时间专注学习，成绩也在稳步提升。

那么到底为什么需要 3 个月呢？这是有科学依据的。

你知道粪便是由什么组成的吗？如果你的回答

是“食物残渣”，那只能算答对了一半。

一段时间不吃东西人也会排便。那是因为粪便中除了食物残渣外，还含有被新细胞替换掉的一些旧细胞。

是的，人体内的细胞总在不断地更新换代。

不同身体部位的细胞有不同的更新周期，据说大脑 1 个月约能完成 40 % 脑细胞的更替。

除去水分，大脑由脂肪和蛋白质以 6 ∶ 4 的比例组成。正如前面所提到的，大脑不仅能以糖类供能，还能以主要受脂肪和蛋白质影响的酮体作为能量来源。

这样问题就容易解释了。

在控制糖分摄入的同时，提高优质脂肪和蛋白质的摄取，能为人体补充构成大脑的脂肪和蛋白质，并为大脑提供酮体作为能量来源。

大脑 1 个月就能完成 40 % 脑细胞的更新，也就是说，只要坚持控糖 2 个半月，我们的大脑就能完成一次完整的脑细胞更新，升级为一个营养充足的新大脑。

因此，从科学的角度我们可以说，只要控制好糖分的摄入，多吃肉类和蛋类，为大脑输送充足的脂肪和蛋白质，3 个月后，孩子的专注力和学习成绩就能获得惊人的提升。

当然，要想让孩子专注力提升，放松的气氛、充足的睡眠和营养都是不可或缺的。我们在提倡控糖的同时，也不要忘记其他措施。

另外想补充一点我个人对营养品的看法。

过往我一直对营养品抱有怀疑的态度。但现在，我会给铁元素摄入不足的孩子服用补铁剂，也会针对有不同需要的孩子使用合适的营养品，并取得了一定的成效。这将在下一部分介绍的成功事例中谈到。

有些孩子控糖后也无法靠自身吸收营养，如果这种情况是由于孩子肠道功能差，那么我们就要先借助营养品来补足身体所需。

25元就可吃到控糖美食

咖喱饭、牛肉盖浇饭、乌冬面、荞麦面、拉面……在外吃饭往往难逃糖分的“掌心”。

然而最近，“食其家”快餐店能帮客人把米饭换成豆腐；“突然牛排”牛排店则可以单点菜，不配饭；有些拉面店甚至还提供“无面”拉面。“无添藏寿司”更推出新型寿司——用腌制萝卜代替寿司中的饭团，引起了大众热议。

大人可以选择各种各样的餐厅，上辅导班的孩子却只能常常光顾附近的便利店。很多孩子因为中午无法回家吃饭，就只能吃一些可以充饥的高糖食物。

在这里，我想跟大家分享一款在便利店就能备好材料的控糖餐食。

只要花 500 日元（约合人民币 25 元），就可以买到鸡肉、沙拉、煮鸡蛋和麸皮面包。妈妈们再稍稍加工一下，就能用这四种食材做成三明治。因为不能喝可乐和果汁，可以把在家准备好的大麦茶或焙茶装进保温瓶随身带上。

至于零食，则推荐吃一手掌大小，即 30 克左右的混合坚果。用微波炉加热过的可融奶酪、水煮鸡蛋等都是不错的选择。

中间吃点零食填填肚子，吃正餐时就不会一下子吃过量了。

在考前的最后冲刺或阶段测试的前一周，相信很多孩子都会学习到很晚。这种时候千万不能吃泡面或饭团作为夜宵。这些食物含糖量高，也缺乏营养，吃完以后还容易犯困，无法给大脑提供补给，孩子很容易在不知不觉间就睡着了。

我将在书末附录中与大家分享一份夜宵菜谱，感兴趣的话请一定要试试看。

如何和食品添加剂“和平相处”

平常留心看看食品标签就会发现，我们日常吃的食物几乎都含有添加剂。

从用途来看，添加剂主要有以下几大类别：

· 制造和加工过程中所需的生产助剂。

· 用于改善食品风味、外观和色泽的甜味剂、色素、香料等。

· 延长食品保质期的防腐剂、抗氧化剂等。

· 提高食品营养价值的营养强化剂。

这其中既有天然物质，也有人工合成物。

为了能大规模地生产食品，同时确保其色香味美、流通安全，食品添加剂是必不可少的。但另一方面，食品添加剂又被认为含有致癌物等致病物质。

要想避免摄入添加剂就只能尽量自制食物，但实际要做到这一点也十分困难。

那么，我们该如何与添加剂“和平相处”呢？必须在外吃饭的时候，可以如前面提及的，在便利店买些鸡肉、沙拉、煮鸡蛋和麸皮面包，而尽量少吃高糖高盐、少蛋白质、少脂肪的拉面和荞麦面。

虽然还是无法完全避开添加剂，但这样起码能保证蛋白质、脂肪和膳食纤维的摄入。而且就价格而言，只花 500 日元左右就可以填饱肚子，这对上辅导班的孩子来说负担也不算太重。

可如果每天都吃一样的食物，孩子很快就会吃腻，所以还得想办法换换花样。

孩子们都特别喜欢吃便利店的油炸食品，但切开炸肉饼看看就会发现，里面还添加了很多不明物质，所以还是尽量少吃为宜。油炸专卖店在用油和化学调味料方面也不一定没问题，但勉强还算及格。而只加盐的油炸食品要比浇了酱汁的更好，因为酱汁里加有大量砂糖。

再制干奶酪在很多地方都能买到，但里面含有乳化剂（磷酸盐），所以我不太推荐。另外，奶制品中还有酪蛋白，酪蛋白虽然不是添加剂，但据说会诱发哮喘，父母们一定要多加注意。

然而，这也不好，那也不行，如此严格筛选起来的话，最终就什么都不能吃了。

因噎废食并不可取，我们不能因为过分担心就什么都不让孩子吃。父母们可以先在家或辅导班附近挑选一些放心的店铺和食品，再根据各自情况，告诉孩子什么可以吃、什么不该吃。

对于含有添加剂较多的食物要尽量少吃，比如果冻、山楂羹、碳酸饮料；含过量防腐剂的食物对肝肾有伤害，比如肉脯、蜜饯、腌菜、面酱、方便面；更不要把饮料当水喝，可乐等饮料含有食品添加剂，大量摄入会影响钙的吸收，引起钙、磷比例失调，而缺钙对正处于发育期的儿童损害最大。

如何让孩子正确喝水

水约占人体体重的 60 %，为了维持这个比例，正常情况下，我们每天需要补充 2 升水。这里所说的水，不是只限于白水。根据不同的情况，可以到自动售货机、便利店购买或自己带上保温瓶，时不时喝点水、茶和无糖咖啡等。

但果汁和运动饮料含糖很高，不建议饮用。

近来也有很多家庭使用饮水机，但饮水机需要定期清洗，不然就会滋生大量细菌。如果长时间喝未清洗的饮水机里的水，可能会引起肠胃不适，甚至腹泻、腹痛，严重的话还会导致尿路感染。

饮用瓶装矿泉水，也是一个不错的选择。

日本产的很多矿泉水都会经过过滤等加工工序，按欧盟标准并不是纯正的矿泉水，所以在选购的时候要注意看清楚标签。另外，有些产品乍一看是普通的水，可实际上加了香精或甜味剂，也要留心区分。

另外，还要注意掌握正确的喝水方法。

经过一晚上的睡眠，人体会流失约 450 毫升的水分，所以早上起来如厕后的第一件事就是及时补水。我看到很多孩子都爱喝冷冻过的大麦茶，冷饮口感虽好，却会损伤肾脏上的肾上腺皮质，因此还是建议饮用常温的茶水。

至于我本人，除了早上，其他时段都会小口慢饮些咖啡或茶。孩子们则可以用水壶或保温瓶装些温热的焙茶或大麦茶到学校，在课间休息的时候喝上几口。

再加上我们在吃饭的时候会喝汤，汤里也含有不少水分，所以一天摄入 2 升水其实并不困难。

曾经有个学生，听说每天要摄入 2 升水，便在上学的时候一下子喝了足足 2 升，结果没多久整个人就焦躁起来，身体状况也变得很差。

这显然是电解质失衡的症状，而且人体在短时间内摄入过量的水，消化液会被稀释，难以充分吸收营养，就会出现体力不足、食欲不振、免疫力下降等问题，严重时还会有损健康。

另外，很多人尤其是小孩子，吃饭的时候不好好嚼烂食物，经常就着汤水直接咽下去，这种吃法很不健康。

吃饭的时候，一定要养成认真咀嚼的习惯（每口至少 30 次）。充分咀嚼食物能增加唾液的分泌，人自然就不会觉得口干、想喝水。唾液中大量分泌的消化酶能帮助消化，将食物细细嚼碎，也能减轻肠胃的负担。此外，唾液也有抗菌的作用，能有效预防蛀牙。

总而言之，细嚼慢咽对孩子来说是一种百利而无一害的生活习惯。

提高学习效率的“睡眠法”

与睡眠相关的文献通常都会建议“每天睡够 8 小时”。但并不是所有人都需要睡够 8 小时。

事实是，这只是因为统计数据发现，大多数人的睡眠时间都为 6 ～ 9 小时,才取其平均值,有了“8 小时睡眠论”。

其实随着年龄增长，最佳睡眠时间自然也会发生改变。

对婴儿来说，睡觉就是天职。考生却不然，他们中间流行一个说法——“四当五落”，意思是说，努力学习每天只睡 4 小时才能成功考上，睡 5 小时则可能名落孙山。

前面也提到过，我在预备校当讲师的时候，每天都在凌晨 2 点睡觉，早上 6 点起床去学校。有时候担心自己起不来，干脆坐在椅子上小睡一会儿就算了。

即便到了现在，在学生准备阶段测试的时候，我仍然需要辅导他们至深夜，所以 1 年中有一半的天数每天都只能睡 3 ～ 4 小时。

但我并不提倡孩子过晚入睡，即便为了备考。还是要让孩子 10 点前入睡，保证充足睡眠的情况下，适当改善学习方法、提升学习效率也很重要。

那么在孩子的睡眠问题上，父母需要注意些什么呢？

其实最为关键的，是提高睡眠的质量，而非增加睡眠的时长。

首先，睡眠时间最好是 1.5 小时的倍数。人的睡眠周期分为快速眼动睡眠和非快速眼动睡眠两个阶段，完成一次周期大约需要 1.5 小时。所以好好地睡 3 小时，比睡眠质量一般地睡 4 小时更精神。

其次，晚上 10 点到凌晨 2 点是大脑在睡眠中储存记忆的黄金时段。孩子如果能在这个时段处于睡眠状态，学习效率会更高。

因此，孩子回家后到第二天早上的时间安排建议如下：

回家后吃点黄油（将于下文介绍黄油的功效）再洗澡→晚餐前完成作业→晚上 10 点睡觉→睡 7.5 小时（1.5 小时的 5 倍），早上 5 点 30 分起床→头脑清醒以后继续做前一天没完成的功课。

当然，如果不是考试迫在眉睫，或年龄还很小的小学生也可以晚上 10 点睡觉，早上 7 点起床再做作业和预习。

有些孩子参加完学校的社团或兴趣小组活动时已经精疲力竭，回家后还要奋战至深夜一两点，一边揉着眼睛一边振作精神。实际上，这样的学习效率十分低下。

总之，有利于提高学习效率的“睡眠法”，关键在于掌握睡眠的科学规律，这样即使睡眠时长不充足，也能达到有效的学习成果。

给孩子吃什么、吃多少

经常有小学孩子的妈妈问我，应该给孩子吃什么、吃多少。

我几乎全年无休地为学堂里的学生做饭，他们当中既有小学一年级的学生，也有高考复读生，所以我大致了解不同年龄段的孩子需要怎么吃。

观察一下学生就会发现，小学低年级的孩子进餐时间长，吃的量却很少。孩子在上小学一二年级的时候，不少父母都会担心吃这么少会不会不够，其实到了五六年级，孩子的食量就会变得和初高中生相差无几。

特别是第一次带孩子的妈妈，更常常为把握不好分量而苦恼。

那么，就让我们来算算为了摄取足够的蛋白质，孩子每天需要吃多少吧。

理想体重（千克）×7.5（系数）

由此得出的值就是维持人体健康的最低摄入量（如果孩子参加学校体育社团，吃 2 倍以上也没有问题）。

前面提到，人体大约含有 20% 的蛋白质。按这个比例计算，如果理想体重是 40 千克，蛋白质在其中占 20 %，也就是 8 千克。为了达到这一点，将体重乘以 1.2 就可以算出蛋白质的最低摄入量，即 40 ×1.2，也就是说一天需要补充 48 克的蛋白质。

按各种肉类中蛋白质比例为 20 % 来算的话，为了摄入 48 克蛋白质，□克 ×20 % = 48 克，即需要吃 240 克的肉类。

然而，由于 DIT（食物热效应）会消耗掉 20 % 的蛋白质，□克 ×80 % = 240 克，即实际上需要吃 300 克肉类才能保证摄取到足够的蛋白质。

也就是说，体重为 40 千克的孩子，每天要吃 300 克的肉类和蛋类。

简化以上过程，只要按体重（千克）×7.5 的公式计算，就可以得出孩子需要吃多少肉和蛋。所以父母们一定要注意，如果不考虑体重，一律让孩子吃 200 克肉、100 克鸡蛋（约 2 个）的话，很可能会导致孩子过瘦或过胖。

以蛋白质作为基准，很容易就能得出脂肪、糖类等的最低摄入量，而不需要再逐项计算。肉类和蛋类的含糖量几乎为零，可以忽略不计，但调味品中含有糖分，制作时不能疏忽大意。还有些父母做饭时喜欢加入糖增加食物的口感或色泽，为了控糖，请尽量不加糖或少加糖。

此外，人体每餐蛋白质摄入量过高既不易被消化也不易被吸收，所以最好不要一次性吃太多，每天分开两次以上吃效果更好。

第2部分

采用控糖饮食后，孩子们的巨大变化

在这部分中，我将和大家分享三岛学堂的一些成功案例。其中，有的孩子在短时间内提升了专注力，实现了成绩的飞跃式进步，有的孩子成功克服厌学情绪，还有不少孩子在心理和生理健康方面获得了改善和提升。

再见吧，淀粉大脑

长期以来，父母们都存在着一个错误的认识，认为糖分是大脑能量的唯一来源。他们担心控糖饮食会影响孩子大脑的发育和成长，耽搁孩子的学习成绩。

很多医生和营养师也认为，不吃主食、不通过米饭和面条充分摄入葡萄糖，大脑就无法正常工作。

事实上，大脑神经细胞除了以糖分为能量来源之外，还可以从脂肪分解产生的酮体中获取能量。而且，在某种程度上，大脑更喜欢酮体。

刚出生的婴儿就是通过酮体为大脑提供能量。

当人开始限制糖分的摄入时，脂肪开始分解，酮体就会增加。相反，如果摄入太多糖分，大脑则会被“甜晕”，出现各种模糊混乱的状态。

糖分包括单糖、多糖、果糖、乳糖等，相关食品也涉及多个方面，在眼花缭乱的高糖食品中，大致可以分为两类：“甜的食物”与“含有淀粉的食物”。其中含有淀粉的食物因为“饱腹感”，往往被大量摄入，但它们本身含有大量的糖分，这些食物包括大米、小麦、大麦、荞麦等谷类，还有红薯、土豆、芋头等薯类。

摄入太多淀粉食物的孩子，因为糖分超标，大脑就会像被雾霾笼罩一样，清晰度下降。有人将这种现象称为“脑雾”,而我喜欢用的一个词汇,叫“淀粉大脑”。想象一下，淀粉与水混合时的情形，开始是呈现出一种浑浊的状态，随着淀粉与水搅拌，浑浊的溶液逐渐变得黏稠，形成一种类似糊状的液体。再后来，淀粉与水逐渐变得更黏稠，最后凝固为一种不透明的凝胶状态。

同样，当孩子吃了大量含有淀粉的食物之后，大脑的状态就像淀粉与水混合时一样，形成“淀粉大脑”，即医生经常提及的“发炎大脑”，整个人会变得注意力不集中，记忆力下降，思维迟缓。

在人体需要的三大营养元素：蛋白质、脂肪和糖分中，蛋白质含有的氨基酸和脂肪含有的脂肪酸都是人体必不可少的营养物质。前两者之所以“必不可少”，是因为人体不能自己产生这些物质，只能通过每天的食物摄取。而糖分则不一样，虽然人体内一些细胞只能以葡萄糖作为能量来源，比如输送氧气的红细胞，但肝脏可以通过一种叫糖异生的作用过程，将蛋白质转化为葡萄糖，并不需要特意通过摄取食物来获取。所以，人类饮食对淀粉的需求其实为零，我们可以在糖分最低的条件下生存，但却无法长期不摄入脂肪和蛋白质。

三岛学堂采取的控糖饮食，少吃主食，充分摄入黄油、肉类、鱼类、奶酪、蛋类、坚果，以及对健康有益的蔬菜，就是通过改变身体的功能模式，把依赖碳水化合物的新陈代谢转化为依赖脂肪和蛋白质上。这种代谢模式的改变，不仅可以摆脱淀粉大脑，调节脑内炎症反应，提升孩子认知，减少紧张、焦虑和抑郁，还可以让孩子的注意力更集中，记忆力更好，头脑更敏锐，学习效率更高，创新能力更强，更容易获得理想的成绩。

裕子戒掉的不仅是糖果，还有自卑

自三岛学堂开办以来，我们在帮助厌学的孩子重返校园方面取得了很不错的成效。

在读小学三年级的女生裕子（化名）长期不肯上学，而我们仅仅用了 1 个月时间，就帮助她成功返回校园。

孩子不肯上学有很多原因，解决方法除了心理疏导外，还需要利用好“控糖饮食”。

也许你会惊讶，就这么简单？是的，只要做好这两点，孩子身上存在的很多问题都能得到改善。

有些父母选择带孩子去看心理医生，但孩子一旦接受了药物治疗，很可能会越来越依赖药物。所以我建议尽量尝试从饮食开始调理，少吃主食，补充身体所需的维生素和矿物质，坚持 3 个月看看效果如何。

我与她的父母沟通后，发现裕子的饮食结构中含有大量淀粉，什么米饭、粥、年糕、乌冬面、炒面、挂面、意大利面、通心粉、薯条、烤红薯等，成了她的家常便饭。在大量淀粉的轰炸下，虽然裕子只有 9 岁，但大脑被淀粉侵蚀的程度却很严重，这使得她上课时不能集中注意力，也听不懂老师所讲的内容。看到别的同学一天天都在进步，她觉得自己特别笨，一无是处，心理上感觉很自卑，于是选择了逃避——长期不肯上学。

为了获得安慰，裕子还喜欢上了糖果。她妈妈说，在来三岛学堂的路上，裕子吃掉了一整袋糖果。

得知这些情况后，我决定尝试一个稍微带点刺激性的方法：我用电脑给她看了一段蚕吃桑叶的视频。我对裕子说，那些绿油油的桑叶好比你的脑叶，而一粒粒糖果好比一条条蚕虫，你把这些蚕虫吃进肚子后，它们会慢慢爬到你的大脑中，一口一口吃掉你的脑叶。由于视频奇特的配音效果，蚕虫蚕噬桑叶的画面显得格外恐怖，不一会儿一整片叶子就被吃光了。裕子一边看着视频，一边惊呼："天呀，太可怕了！"

接着，我说："裕子，其实你一点也不笨，如果你能戒掉那些像蚕虫似的糖果，肯定会越来越聪明。"

而另一边，我又向裕子的妈妈说明，调整饮食能有效改善孩子的厌学问题。最终她采纳了江部康二医生推荐的"控糖饮食"，让孩子一日三餐尽量少吃主食。

结果仅仅过了 1 个月，裕子就愿意重新回到学校上课了。虽然偶尔迟到，但再也没有出现不肯上学的情况了。

裕子的妈妈兴奋地说："我们四处求医没解决的问题，没想到在三岛学堂仅仅用1个月的时间就解决了。"

我当然知道，裕子厌学是因为跟不上学习进度而自卑，而自卑的根源是她多年吃了大量碳水化合物后，形成了淀粉大脑——无法集中注意力于学习，记忆力差，思维不清晰。控糖饮食让她迅速从淀粉大脑的困扰中解脱出来，而她逐渐能听懂老师的讲解，自信心也开始恢复。可以说，我让裕子戒糖，她戒掉的不仅是糖果，还有自卑。

不靠药物，3个月改善学习障碍

在学校里，如果孩子出现了学习障碍（LD），通常校方会对其进行心理辅导，并向父母推荐相关的医疗机构。但医疗机构一般都会采取以药物为主的治疗方法。

有一位被诊断为学习障碍的初二学生健二（化名）来到了三岛学堂，当时他正在接受相关的药物治疗。

虽然我并非 LD 方面的专家，但有一点还是有把握的：那就是，自学堂创办以来，我不记得有哪个孩子没从控糖饮食中获益。我在用控糖饮食改善孩子专注力这方面颇有心得，我想这次也许能帮助到健二，于是抱着试试看的心理接收了这个孩子。

尽管患学习障碍的原因多种多样，包括遗传因素、神经发育因素、环境因素等，但正如沟口彻医生所说，无论孩子遗传了怎样的基因，我们无须药物，仅仅通过调整饮食就能够矫正。

于是，我建议健二妈妈早餐让孩子少吃米饭和面包，可以用两个鸡蛋做一份火腿蛋或煎蛋卷，再搭配蔬菜沙拉和味噌汤，因为早餐摄入太多主食会导致血糖上升，而当血糖上升时，会立刻耗损神经递质血清素、肾上腺素、去甲肾上腺素、GABA 和多巴胺，这些神经递质是主要的情绪和大脑调节器，它们被耗损后会让孩子烦躁、焦虑，无法集中注意力，并感到疲劳、困倦。

午餐和晚餐健二在三岛学堂和大家一起吃控糖饮食。由于健二的情况比较特殊，我特意为他增加了 Omega-3 脂肪酸的摄入，这种脂肪酸在鲑鱼和鳕鱼中含量丰富，有助于大脑的发育和健康。

在限制糖类和加工食品摄入的同时，我还确保健二有充足的蛋白质摄入。蛋白质是构成神经递质的必要成分。

除此之外，绿色蔬菜在健二的饮食中必不可少，因为它们富含抗氧化剂，可以帮助他减少自由基对脑细胞的损伤。

如此坚持了 1 个月，健二的学习障碍症状得到有效缓解，成绩也在稳步提升。

3 个月后，健二表现出来的专注力，让人完全想不到他曾患有学习障碍，而这正是控糖饮食带来的变化。

当时即便是我自己，也不敢确定控糖饮食能如此有效地改善健二的学习障碍。

后来，陆续又有几个和健二有相似症状的孩子在这套方法的帮助下学习状况获得改善，我才终于相信这并非偶然。

沟口彻医生一点也没说错：饮食可以改变基因，可以让基因变得更好或者更糟。如果父母能够将孩子的碳水化合物控制在一定范围内，充分摄入美味的脂肪、蛋白质和蔬菜，以及必要的矿物质和维生素，那么就真的能够重新编写孩子出生时的基因，赋予他们敏捷的思维、稳定的情绪、卓越的创造力。

吃脂肪掉脂肪：告别小麦肚子

圣子是一位 17 岁的女孩，体形很胖，苹果型身材，肚子上有一大圈脂肪。在去年高考中，发生了一件对她来说很丢人的事情——那天在全国统考的英语考试中，她读着长篇阅读试卷，居然不知不觉睡着了，因而落了榜。

平时在课堂上打瞌睡还情有可原，可是在高考如此重要的场合睡着了，的确不应该，因而她的行为成了别人的笑柄。

顶着巨大的压力，圣子来到三岛学堂补习，准备明年再考。而学堂首先解决的不是她的学习问题，而是打瞌睡的问题。

没有人愿意在高考时打瞌睡，可是圣子为什么会那样呢？因为她控制不住自己，而控制不住自己的原因是她体内有一股让她犯困的力量，这力量来自她平日里的饮食。

我们说，人类的身体并不适应以谷物为主的饮食。圣子除了爱吃米饭和面条外，还特别喜欢吃烤薄饼。高考那天早上，她就吃了一大块。烤薄饼的含糖量非常高，每 100 克中的含糖量高达 72 克。这种高糖饮食让她的血糖在体内翻江倒海，形成了一股难以控制的力量。

其实，不仅是犯困、打瞌睡、注意力不集中等问题，圣子的肥胖也是源自她体内有一股让她变胖的力量。当她吃了大量含糖量高的食物后，血糖迅速飙升，为了降低血糖，胰脏会分泌出一种名叫"胰岛素"的激素。胰岛素将血液中的葡萄糖推送进细胞，从而降低血液中葡萄糖的含量，即血糖值。但是，由于圣子摄入的糖分实在太多了，胰岛素大量分泌，于是便把多余的葡萄糖转化为脂肪储存起来，这个过程叫“脂肪合成”，即圣子忍不住变胖的原因。

胰岛素不仅合成、存储脂肪，还紧紧抓住存储的脂肪不放。当身体内胰岛素维持在高水平后，脂肪就不会分解、燃烧，正因如此，胰岛素又被叫作“肥胖激素”。

追根溯源，引起胰岛素大量分泌的正是含糖量丰富的碳水化合物。

由于圣子特别喜欢吃烤薄饼，而烤薄饼的面糊通常是由小麦制成的，所以，我把她这种圆鼓鼓的肚子，叫作“小麦肚子”。

在三岛学堂，我让圣子吃控糖饮食，即少吃、甚至不吃小麦等主食，增加脂肪和蛋白质的摄入。听说要摄入足够的脂肪，圣子大吃一惊，疑惑地问道：“吃脂肪不是会更胖吗？”

很多人都像圣子一样，误以为吃进去脂肪就会长出脂肪。其实不然，摄入脂肪并不会让人变胖，让人变胖的是糖分，而不是脂肪。原因很简单，因为吃进去的脂肪不会让血糖飙升，不会让胰岛素大量分泌，因而脂肪无法合成并存储，也就不会变胖。

事实上，吃足够的脂肪不仅不会长胖，反而能够减肥，原因在于它减少了胰岛素的活动，更倾向于燃烧脂肪。当我们控制糖分的摄入，血糖平稳，胰岛素维持在较低水平时，由于身体缺乏糖分作为能量，就会自动转化供应能量的方式——将由糖供能转化为由酮供能，从而开始燃烧脂肪，产生酮体。

用通俗的话说，增加脂肪的摄入，减少糖分的摄入，脂肪就会燃烧——这就是吃脂肪的真相。

圣子吃了6个月低碳高脂饮食后，体重减掉了10千克，小麦肚子消失了，拥有了少女亭亭玉立的苗条身材。

不仅如此，她学习时不再犯困、打瞌睡，精力旺盛，成绩突飞猛进，第二年以优异成绩考上了早稻田大学。

圣子脱胎换骨的事例说明——吃小麦长肚子；吃脂肪掉脂肪。

控糖饮食，即低碳高脂饮食，不仅可以改变身材，还可以让人由内而外变得美丽、聪明、心想事成。

脂肪是大脑的“超级燃料”

冈田医生讲过一件非常神奇的事情，在北海道的一个村庄里，有一个名叫花子的小女孩患上了癫痫（Epilepsy）。每次发病时，花子都会突然瘫倒在地上，全身抽搐，口吐白沫。看着女儿痛苦的样子，花子父亲心如刀绞，多方求医皆没有效果。

后来，不知道怎么回事情，花子的癫痫却奇迹般好了。

这究竟是怎么一回事情呢？

经过走访，研究人员得知，原来花子自从喜欢上吃肥肉后，症状就慢慢得到缓解，而花子的饮食采取的是控糖饮食中最严格的生酮饮食。

生酮饮食需要吃大量脂肪，要求脂肪摄入量占总能量摄入的70%～80%之间。而严格限制碳水化合物，大量摄入脂肪，有利于脂肪燃烧产生酮体。据研究，酮体可以通过以下几种方式影响神经递质和大脑功能，从而产生一定的镇定作用。

一、增加GABA。GABA是一种具有镇静和抑制作用的神经递质，而酮体可以提高其合成和释放，从而增加GABA在大脑中的浓度，促进神经元的抑制活动。

二、酮体可以影响多种神经调节物质的合成和释放，包括去甲肾上腺素、多巴胺和血清素等。这些物质在调节情绪、注意力和行为方面发挥着重要作用。

三、酮体可以通过调节细胞内的ATP敏感性钾离子通道来影响神经元的活动。这些通道的开启导致神经元的超极化和抑制，从而产生镇静和抗癫痫的效果。

花子癫痫不药而愈的神奇故事充分说明，脂肪是大脑的“超级燃料”，生酮饮食具有强大的治愈力。但同时，我也需要澄清一下，三岛学堂所采取的控糖饮食并不需要像花子那样吃那么多肥肉，只需要减少主食，适当增加脂肪和蛋白质的摄入，就能让烦躁不安的孩子安静下来，精神专注地投入学习。

孩子情绪低落，查查胆固醇水平

一些妈妈担心，控制碳水化合物的摄入，增加好吃的肉类、蛋类和鱼类，孩子当然喜欢，但这样的饮食会不会导致胆固醇升高，影响孩子身体健康呢？

在回答这个问题之前，在这里有必要先为胆固醇正名。

对于胆固醇，我们没有必要谈之色变，在某种意义上，胆固醇就是营养。美国医学会发表报告称“无须再顾虑胆固醇值”。更有学者发表报告，认为胆固醇值高一点也没关系。而日本和美国都在 2015 年取消了之前制定的胆固醇摄取限制（患有家族性高胆固醇血症的除外）。

胆固醇是人体必需的营养元素，对大脑十分重要。一个成年人体内胆固醇含量四分之一都集中在大脑。以下是胆固醇对大脑的益处——

一、胆固醇是构建神经细胞膜的关键成分之一。细胞膜是细胞的保护屏障，也是细胞间通信的重要媒介。胆固醇可以维持神经细胞的结构和功能。

二、胆固醇是合成多种神经递质的前体物质之一。神经递质是神经元之间传递信息的化学物质，对大脑功能起着重要的调节作用。没有神经递质，人无法从事任何活动，无法思维，没有感觉，也无法运动。胆固醇的存在为神经递质的合成提供必要的原料。

三、胆固醇参与形成髓鞘，这是神经纤维周围的脂质层，起到绝缘和保护神经纤维的作用。髓鞘有助于保持神经传递的高效性和稳定性，维护神经系统的正常功能。可以说，胆固醇是大脑正常交流和运转的引导者。

四、胆固醇是维生素 D 合成的原料。维生素 D 不仅可以帮助孩子吸收钙，使骨骼强健，还具有强大的抗炎作用，保护大脑免受自由基的损害。

如果大脑缺乏胆固醇，就会直接干扰神经递质的合成、传递，及其机能。神经递质影响数据处理、记忆功能，以及孩子的智力。大量资料显示，胆固醇水平低的人患抑郁症的可能性很高。个别孩子胆固醇过低后，容易出现脑子不清晰、注意力不集中、思维迟缓、反应迟钝等现象，还有可能情绪沮丧，产生攻击性行为。

三岛学堂的学生中有一对兄妹。哥哥叫雄太（化名），读小学四年级；妹妹叫岬（化名），读小学一年级。兄妹两人都很会唱歌，也非常有运动天赋，课间的时候还会给大家表演跳舞。

在我看来，兄妹两人都是无可挑剔的好孩子，但他们的校园生活却不太顺心，两个人的情绪都很不稳定。妹妹经常莫名其妙感到沮丧，而哥哥则容易出现攻击性行为。

仔细询问过后我才知道，家长由于工作的原因，常常让兄妹两人自己在家吃晚饭，又怕孩子会不小心烫伤、弄伤，便不允许他们开火做饭。所以两人经常就只能吃电饭锅里的米饭，再配点纳豆。

兄妹俩的体检报告显示，他们的总胆固醇水平都很低。有数据支持，总胆固醇水平过低会使大脑功能难以保持正常运转，也更容易造成孩子情绪不稳定。因为在人体中，血清素是平衡情绪的神经递质，而没有足够的胆固醇，血清素就无法完成自己的工作。

为了解决兄妹俩的问题，我给他们的妈妈推荐了一些易做的菜谱，让她能在工作的间隙就预先做好几天的分量。

做好后把肉和鸡蛋按一餐的分量逐份用保鲜盒装好，放进冰箱冷藏。这样孩子们想吃的时候，只需要用微波炉加热一下就可以。当然，在三岛学堂他们也能吃到以肉和蛋为主的饮食。这样吃了一段时间低糖高脂饮食后，随着兄妹两人总胆固醇水平恢复正常，他们的情绪问题也逐渐有了好转。

营养补对了，孩子自然有内驱力

从小学到高中的这段时期，正是孩子从儿童过渡到成人的重要阶段。不论男孩、女孩，都会有让父母头疼的时候。

对这个阶段学习懒惰、行为粗暴的学生，以前的我总是对他们进行批评警告，但后来我意识到，学生们的这些不良行为，大多是由营养不足或大脑缺铁引起的，于是便逐渐掌握了应对方法，不再以责骂的方式教育学生。责骂不仅不能解决问题，反而会破坏孩子的内驱力，而从补充营养和调整饮食入手，孩子的很多情绪和行为问题，都可以迎刃而解。

如果你的孩子正处在这个年龄段，经常出现焦虑、易怒，行为冲动，无法自我控制；或情绪低落，对平日感兴趣的事情失去兴趣；抑或注意力不集中、学习困难、记忆力减退，可以先去医院检查一下——他是否仅仅是大脑缺铁。

资料显示，铁蛋白水平越低的孩子，越容易出现烦躁不安、注意力不集中和冲动的情况，而补铁则可以有效改善孩子的这些状态。

康太是一个 13 岁的男孩，他妈妈告诉我，康太上初中后整个人都变了，动不动就生气、发怒，她不知道如何是好，希望三岛学堂能帮助他。

跟康太初次见面，我就察觉到他的运动控制和协调能力不是那么好，而这很可能是缺铁引起的。后来医院的检查结果证明我的猜测是正确的。铁是合成神经递质的关键成分，缺铁会干扰神经递质的正常功能，导致儿童身体和认知发展的迟缓。

在三岛学堂，除了吃控糖饮食外，我在康太的饮食中，增加了铁含量丰富的牛肉、菠菜和牛油果等食物。同时，在医生的指导下，康太服用了补铁剂。

没过多久，再次看到康太的时候，我发现他“大变样”了。他的行为有条不紊、学习专注，并且不再像过去那样健忘和冲动了。

看见康太身上发生的巨变，他妈妈深有感触地说：“父母千方百计激发孩子的内驱力，但却不知道饮食这么重要，营养补对了才是孩子最根本的内驱力。”

第3部分

厨房与课堂同等重要

无精打采、昏昏欲睡、坐立不安……孩子在课堂上的诸多不良表现，很多都与他们吃的食物密切相关。

所以，关注孩子学习的父母，不仅要重视课堂，更要重视厨房。

01

他哪里像老师，分明是个大厨

一些第一次来到三岛学堂的家长，看到我穿着围裙在窗明几净的厨房忙前忙后，为学生们准备餐食的时候，都忍不住在心里嘀咕：“三岛校长哪里像老师，分明是个大厨。”

一次，我甚至还听到有人在背后议论：

“一个厨子能教好学生吗？可别耽误了孩子！”

“是呀，我可不愿将我儿子交给这个厨子！”

…………

其实，这些父母忽视了一点——厨房与课堂同等重要。

在孩子成长的过程中，脂肪、蛋白质、各种维生素、矿物质、膳食纤维是必需的营养成分，而糖类所占有的比例很小。但是反观我们的日常饮食，碳水化合物占 60% 以上。碳水化合物包含单糖、多糖和双糖。例如，100 克面条中，大约含有 70 ～ 80 克多糖。

如果孩子的饮食以碳水化合物为主，在摄入糖类后，血糖升高，他们可能会表现出过度活跃、兴奋和焦虑不安，等到 2 ～ 3 个小时后，随着血糖的下降，孩子又会突然心情低落，感到疲倦、虚弱，有的心慌、易怒，有的昏昏欲睡。

所以，要提高孩子的学习成绩，必须从厨房开始，调整孩子的饮食。

我每天精心为孩子准备控糖饮食正是基于这个原理。由于没有受到糖类的影响，血糖值不会忽高忽低，孩子们在课堂上不仅不打瞌睡，反而能长时间集中精力学习。

02

吃果酱面包的孩子与吃黄油鸡蛋的孩子有什么不同

早上 10 点，学堂的孩子们都在专心学习。突然一阵奇怪的呼噜声传来,原来是新来的学生大和（化名）趴在课桌上呼呼大睡，而他旁边的同学龙一则在聚精会神做数学题，丝毫没有受到呼噜声的干扰。

等到大和醒来，我问他:“早餐吃的什么？”

他睡眼惺忪说:“面包加果酱。”

我又扭头问龙一:“你呢？”

龙一抬头看着我，由于做题太投入，他刚才没有听见我说了什么。我只好又问了一遍:“龙一，老师问你早餐吃的什么？”

“黄油鸡蛋！”龙一回答说。

由于经历了很多，现在只要学生告诉我，他早餐吃的是什么，我就能基本判断出他一上午的精神状态。如果一个学生上午趴在课桌上打瞌睡，那他十有八九就是早餐摄入了太多含糖食物。

早上吃果酱面包的大和，上午 10 点就昏昏欲睡，无法学习，而吃黄油鸡蛋的龙一则精力充沛、情绪稳定，学习专注。

这究竟是为什么呢？这是因为果酱面包含糖量很高，会快速升高血糖指数（简称 GI），属于高 GI 早餐。以法式面包为例，每 100 克面包的含糖量高达 54.8 克；而果酱的含糖量也非常高，大约每 100 克含糖在 60 克左右。这样的早餐吃进去后，会导致血糖快速上升，快速下降。血糖上升速度太快，会让孩子发呆，容易犯困，而随着胰岛素的分泌，血糖急剧下降，孩子又会出现注意力不集中、烦躁不安等生理反应，有的还会产生强烈的饥饿感。例如一些孩子午饭时间未到，就喊饿，家长会纳闷，明明早餐吃了很多，为什么这么快就饿了呢？这其实都是因为吃高 GI 早餐惹的祸。

果酱面包中含有太多的糖分，而黄油鸡蛋的主要营养成分是蛋白质和脂肪，含糖量很低，属于低 GI 早餐。鸡蛋的含糖量每 100 克为 0.3 克，可以忽略不计，而黄油的含糖量为零。众所周知，对血糖值产生直接影响的只有糖分，糖分会被迅速吸收并在两个小时内全部变成血糖。与之不同，蛋白质和脂肪则不会对血糖值直接产生影响。所以，吃黄油鸡蛋的孩子由于摄入的糖分很少，血糖稳定，因而情绪稳定，不会因为血糖值较大波动而感到疲倦和饥饿，总是精力充沛，能集中注意力学习。

英国科研人员通过一项针对 74 名儿童的研究发现，在早餐后的 90 ～ 140 分钟内，吃低 GI 早餐的孩子思维更敏捷，对事实和文字记得更清楚，而且更放松、更快乐。

吃低 GI 早餐不仅有益于中小学生，同样也有益于大学生。在一项针对大学生的研究中，7 天里每天早上吃低 GI 的学生比吃高 GI 的学生更专注，认知灵活度更高，短期记忆更强。

因此，家长只要稍微调整一下饮食，把果酱面包换成黄油鸡蛋。这个饮食上的微调，对妈妈来说轻而易举，但对孩子来说却意义重大，千万不要差之毫厘，谬以千里！

03

黄油学校——三岛学堂的绰号

“请问，三岛学堂怎么走？”

“喔，你问的是那所黄油学校吧，从这里往北，过两条街就到了。”

不知道从什么时候开始，三岛学堂有了一个绰号——黄油学校。起因是，我们不仅每天会给学生吃一块冷冻的黄油，还鼓励家长放学后在家给孩子吃上一块黄油。

控糖饮食在少吃主食后，会增加脂肪和蛋白质的摄入，而黄油就是最好的脂肪之一。

看到这里可能有些父母会感到意外，给孩子单吃黄油？太油腻了吧！黄油应该是涂抹在面包上吃的，或者用于烹饪蔬菜，煎牛排之类，怎么可以像吃巧克力一样吃黄油呢？或许正是因为单吃黄油给人的感觉太奇怪，所以，三岛学堂才有了那个绰号。

不管最初父母觉得多么不可思议，多么抵触，但很快就被黄油神奇的效果所折服。只要吃上一块黄油，孩子马上就能从疲惫不堪的状态中恢复过来，效果立竿见影。

头脑清醒了，人也不觉得困，一到学堂来上课就能迅速进入学习状态。

那么为什么黄油有如此大的功效，让人吃完立刻恢复活力？

其实，这是因为黄油中含有的脂肪能迅速为大脑提供所需营养。

如果是小学阶段的孩子，每天可以吃 10 克黄油，而三岛学堂有时候也会给孩子吃 20 克容易入口的冻黄油。

我平常喜欢用“四叶牌”的高级无盐黄油，但含盐黄油或者其他牌子的黄油也可以。

很多父母在奖励小孩子时，常常会这样：“真乖，妈妈奖励你一颗糖。”但是，在三岛学堂，我们从来不那样，而是会说：“来，奖励你一块黄油。”

根据多年在三岛学堂积累的实践经验：奖励一颗糖，还是一块黄油，孩子的成绩大不相同。

与此同时，我在与学生家长沟通时，也常说一句话：“多一点黄油，少一点责骂。”孩子放学回家以后，妈妈是否常常会说“快做作业”“还不赶紧上课”，或者“这次考得怎么样了”？其实我们小时候也有过这样的经历：好不容易下定决心去学习，却因为被父母催促一句“做完作业才能玩”，顿时就失去了干劲。

所以当孩子回到家后，父母应该先关心一下孩子，问问“今天累不累啊”。为什么要问累不累呢？其实这里暗含了一定的心理学道理。心理学中有个概念叫作感受，当一个人感受好了，做起事来就顺利了。当孩子感受好了，他写作业也就变得积极了。累不累，是在关心孩子的感受。而当你问“今天都学习到了什么”，孩子的感受可能是“大人只关心成绩”。

问过孩子的感受后，然后给孩子吃一块“神奇”的黄油。

将一块 200 克的黄油放到室温下，稍稍软化后，用刀纵向切开 2 等份，再横向切成 10 等份，每份刚好 10 克。然后用保鲜盒装好，放到冰箱里备用。

这样就算父母不在家，孩子回家以后也能自己从冰箱里拿出来吃。只要吃上一口冰冰凉凉的黄油，孩子就能疲劳顿消、重拾活力。

为什么要特意把黄油冻起来？其实是因为有很多孩子不喜欢黄油的口感，我反复尝试后发现，冰冻过的黄油像巧克力一样，口感会好很多。

如果孩子还是不接受，那么可以尝试用紫菜包住黄油一起吃。

刚开始的时候由于身体还不适应，进食 30 分钟后会有油脂排出，有些孩子会觉得黏黏糊糊不舒服，这时只要去冲洗一下就可以了。

吃过黄油后大脑营养充足，孩子自然就会充满干劲，主动去做作业。父母也无须再去催促。

需要注意的是，父母切不可等孩子吃完黄油就安排孩子写作业，那样孩子以为吃黄油就是为了写作业。而是可以在孩子补充能量后，让孩子休息玩耍一会儿，再进入写作业状态。因为孩子在学校一天基本都处于学习状态，身心都会有些疲惫，需要一段让自己松弛的时间。

“多一点黄油，少一点责骂”，不仅能提高孩子学习成绩，家庭也能变得更加和谐美满。

我推荐大家都试试。

04

孩子注意力不集中，可能是汽水喝得太多

“什么？我儿子健太注意力不集中，丢三落四，是汽水喝得太多？”

听完我的话之后，Q 女士惊讶得下巴都快掉了下来。

“是的，你没有听错，一些孩子学习时不能集中精力，很可能是喝汽水太多的缘故。”

一项发表在《儿童和青少年的行为和发展》杂志上的研究表明，喝含糖饮料的孩子在完成任务时自我调节能力差，很难集中注意力，更容易犯错。

而美国耶鲁大学的研究人员发现，每天喝一瓶

含糖饮料，孩子出现多动和注意力不集中的情况会增加14%。

同时，在一项对16000名高中生的研究中发现，与不喝汽水的学生相比，每天喝至少一瓶汽水的学生成绩不及格的概率大一倍，研究人员认为汽水中的糖可能是罪魁祸首。

大脑对我们吃的食物非常敏感，汽水中含有大量的糖分，儿童摄入太多糖分之后，会导致血糖异常，注意力和积极性下降。

Q女士听完我的解释后，更加惊讶了，因为健太每天都要喝3瓶汽水，难怪会那样。

后来，健太戒掉了汽水，在三岛学堂吃了3个月控糖饮食，专注力得到了很大改善，不再丢三落四，学习能力持续变强，精神面貌发生了巨大的变化。

05

用饮食缓解注意力缺陷多动障碍

一天，H 女士来到三岛学堂，只见她愁容满面，十分沮丧，一问才得知，最近她遇到了一连串倒霉的事情。

最初是儿子和树在课堂上坐立不安，不断扭动身体，招引同学哄堂大笑，被老师批评。没过几天，和树又因动手打人，被学校警告处分。

儿子的不良行为令她感觉很羞愧，觉得自己没有教育好和树。但就在她陷入自责之时，一个更大的打击横冲而来：和树被诊断患了注意力缺陷多动障碍（俗称多动症，ADHD）。

H 女士感觉仿佛天塌地陷一般，精神近乎崩溃。

后来听朋友介绍三岛学堂，她便来到了这里。

在三岛学堂，我们经常会遇到患有注意力缺陷多动障碍的孩子，这些孩子很难持续关注任务、注意力容易分散，经常躁动不安，无法保持静坐，难以克制冲动行为。

根据多年控糖饮食研究的经验，我发现注意力缺陷多动障碍其实不是行为问题，也不是道德品质问题，而是脑内物质失衡的问题，正是这种内部失衡才引起了外部情绪和行为的失衡。

虽然多动症有遗传、神经和环境等方面的原因，但营养在其中却起到了举足轻重的作用。在疾病的形成过程中，高糖饮食是幕后黑手之一。

江部康二医生认为，在被确诊为注意力缺陷多动障碍的儿童中，糖分摄入过多导致血糖异常而无法集中注意力的情况很多。

也有资料显示，摄入高糖饮食的孩子患多动症的概率比摄入一般饮食的孩子高4倍。

听到这里，H女士悔恨万分，她后悔由于自己爱吃甜食，所以也给儿子吃了很多甜食。我向她介绍了“基因矫正疗法”，告诉她饮食可以让基因变得更糟糕，但也可以让基因变得更好，因为营养在维持基因表达和功能方面发挥着重要作用。

当H女士听说可以通过控糖饮食帮助和树提高注意力与积极性，稳定情绪，使他专注于学习之后，她非常高兴，但或许是听到“控糖饮食”这个词有限制、剥夺的含义，她不免又有些担心：

少吃主食和树会不会饿？

会不会营养不良？

会不会影响和树长身体，以及健康成长？

…………

我耐心解释说，控糖饮食在减少主食的同时，还会补充必要的脂肪和蛋白质。我告诉她所谓控糖饮食，就是少吃米饭、面包、面条等谷物，以及薯类等含糖量高的食品，充分摄入肉类、鸡蛋、鱼类、贝类、豆腐、海藻、蔬菜等食物。

针对多动症孩子，我们还会根据沟口彻医生的建议补充必要的镁和铁，以及维生素。

事实上，在三岛学堂，通过控糖饮食和补充必要的矿物质和维生素，已经成功让 3 个患病孩子的症状得到了极大的改善。后来，加上和树，是 4 个孩子了，相信这个数字还会不断增加。

06

黑巧克力：三岛厨房三宝之二

在三岛学堂的厨房里有三样宝贝食物，一是前面提到的黄油，第二就是黑巧克力。

得益于冻黄油的神奇功效，孩子终于做完了功课。这时，我们还有一件事情要做——

奖励孩子吃巧克力！

你可能会觉得奇怪，控糖期间居然也能吃巧克力？！

是的，因为三岛学堂给孩子们吃的，是只含微量糖分和添加剂的烘焙专用巧克力，可可含量达70% 以上。等到孩子做完作业以后，就可以奖励他们吃两块（每块 2 克），并说一声“辛苦了”。

购买巧克力时要注意区分，烘焙巧克力和糖果巧克力是不同的，因为便利店和超市里卖的通常都是“糖果巧克力”。

糖果巧克力含有砂糖和增稠剂等成分，不适合给儿童食用。

在添加剂的问题上，烘焙巧克力也相对令人放心。从控糖的角度来看，两小块共 4 克，含糖量只有不到 1.2 克，完全在可接受范围内。

而且和糖果巧克力相比，烘焙巧克力也较为便宜。1 千克大约只需 2000 日元(约合人民币 110元)，一个孩子每次只吃 4 克，就可以吃 250 次。这样就能让孩子主动完成作业，还是相当划算的。

据说著名的职业网球运动员德约科维奇，也会在比赛后奖励自己一块黑巧克力。

在日本热销的《德约科维奇脱胎换骨的饮食秘诀》(三五馆出版)一书，就公开了成功帮助德约科维奇重塑身体的饮食秘诀及其神奇功效。德约科维奇对小麦麸质过敏，不能吃任何含有麸质的食物，所以，他的晚餐含糖量只有 15 ～ 35 克，而他的零食就是黑巧克力。

黑巧克力含糖量很低，脂肪占比很高，更重要的是其中还含有一种神奇的物质——可可多酚，每 100 克黑巧克力中含有 200 ～ 600 毫克可可多酚。这是一种抗氧化剂，具有如下功能——

抗氧化作用：可以帮助中和自由基，减轻氧化应激对大脑的损伤。

促进血液循环：包括增加血管舒张和改善血液流动。这有助于提供更多的氧气和营养物质到大脑，维持健康的脑功能，减轻慢性炎症对大脑的不良影响。

改善认知功能：可可多酚可以改善认知功能，

包括记忆、学习能力与注意力。

每天摄入 25 克左右的黑巧克力，就能提升孩子的专注力。

07

牛油果：三岛厨房三宝之三

三岛学堂厨房里大量存储的水果不是苹果，不是橙子，也不是桃子，而是牛油果。

所有水果中都含有丰富的果糖，唯独牛油果的含糖量最低，每 100 克成熟牛油果中大约含 0.7 克糖分，下面是 100 克牛油果的营养成分：

脂肪：14.66 ～ 15.42 克

碳水化合物：8.53 克

膳食纤维：6.7 克

蛋白质：1.96 ～ 2 克

糖：0.7 克

钾：485 毫克

镁：29 毫克

磷：52 毫克

维生素 C：8.8 毫克

维生素 K：21 微克

除此之外，牛油果中还包含矿物质钙、锰、铁，以及维生素 E、维生素 B_6、维生素 B_3、维生素 B_9 等。

牛油果可以用于各种料理。

三岛学堂有时会给学生做江部康二医生推荐的“牛油果纳豆生菜包”。

材料（两人份）

牛油果：100 克

柠檬汁：一小勺

西红柿：50 克

纳豆：40 克

生菜：40 克

将牛油果和西红柿切成小块，用 12 克蛋黄酱、6 克酱油、一小勺红柚子与纳豆放入碗中搅拌，然后用生菜包着吃，味道非常鲜美，学生们很爱吃。

08

什么食物可以养出情绪稳定的孩子

一次，我去东京都的新宿区，拜访沟口彻医生，他是新宿沟口诊所的负责人，他所管理的诊所，以“基因矫正疗法”闻名遐迩。

“基因矫正疗法”是通过调整饮食和补充营养素矫正基因，让我们的基因变得越来越好。

我是一个教育工作者，在教学实践中发现：少吃主食能提升学生的专注力。而沟口彻医生从医学的角度说明了这套方法的科学性，令我非常欣慰。

在谈到营养的重要性时，沟口彻告诉我，大脑缺镁的孩子容易出现下列现象——

注意力不集中。

情绪起伏大，不稳定。

急躁、焦虑。

沮丧和冷漠。

无精打采，容易疲劳。

沟口彻医生说，镁对神经递质的合成很重要，如果镁水平低，很容易造成儿童体内的两种神经递质异常：一是调节注意力的多巴胺，一是调节情绪的血清素。

造成镁水平低的原因之一，就是高糖饮食。这种饮食模式会对镁的吸收和代谢产生不利影响。

首先，高糖饮食会增加尿液中镁的排泄量，降低身体内的镁水平。

其次，糖会干扰镁的吸收和利用。糖分与镁之间是竞争关系，摄入过多的糖分会影响肠道对镁的吸收。

因此，针对情绪不稳定，注意力不集中，甚至多动症的孩子，沟口诊所给他们补充足够的镁之后，一般症状都能得到缓解。

同样，我在三岛学堂也观察到，一些情绪不稳定的孩子，通过减少主食，增加绿色蔬菜，比如羽衣甘蓝、油菜、地瓜叶、菠菜等，以及豆腐、鲑鱼、鳕鱼、鳟鱼的摄入，他们的情绪慢慢就会趋于稳定，原因就在于这些食物中含有丰富的镁。

09

两个失败案例

前面与大家分享了很多三岛学堂以往的成功案例，但其实在初创时期也有过一些令我后悔至今的事，接下来我将为大家讲述其中两件。

第一个案例的主角是樱花（化名）同学，她在高考时没有如愿考上某大学的药学专业，复读后再次挑战，依然没能成功。

樱花在复读的时候来到三岛学堂，我自然建议她尝试控糖。然而樱花的父母担心孩子身体会出问题，便不允许她完全按照控糖法调整饮食。

无奈之下，我只好让樱花按原来的饮食习惯吃早餐和午餐，仅在晚上吃我准备的控糖餐。

此前也曾介绍过江部康二医生，他所推崇的“控糖饮食”有三个级别，分别是：“超级控糖”，一日三餐基本不吃主食；“标准控糖”，早餐或午餐基本不吃主食；“初级控糖”，晚餐不吃主食。樱花所采用的是其中级别最低的“初级控糖”，并不能为身体提供充足的营养。

后来果然不出所料，樱花虽然成绩逐渐有所提升，但由于体力跟不上，注意力难以集中，常常在学习的时候打瞌睡，而这正是大脑营养不足所导致的。

不少像樱花父母那样的家长，只是听说三岛学堂的升学率高就决定报读，却不相信控糖饮食能发挥作用。

结果，樱花第二次高考又落榜了。

我至今依然很后悔，要是当初能更自信地推荐控糖饮食，结局可能就会不一样了……

糖吃得过多，会让人产生饱腹感。这样，其他食物的摄入就会减少。人的身体非常智能，当身体能量不足时，会给大脑发信号让其补充能量，让你不由自主地去接近食物。当你吃了几块糖后，身体就会感觉充满能量，默认你不需要食物了，但其实人体所需的营养并没有得到足够的补充，大脑的供应还是不足的。

接下来要分享的第二个案例，是孩子自己不接受控糖饮食。

不管父母再怎么努力，如果孩子自身不理解控糖的意义，还是会难以舍弃米饭和甜食。

况且日本现在大多数孩子都习惯了高糖饮食，他们根本没想到，这些糖分会对自己的身心健康成长产生不良影响。

成年人会为了健康而尝试并坚持控糖，是因为大家都清楚这关乎自己的生命。

但孩子哪怕一口气吃掉一整袋糖果，身体也不会马上出现不良反应。他们只知道糖果好吃，却意识不到其中的危害。

在控糖期间，如果只单纯控制糖分摄入，就会导致总能量不足，所以必须有意识地增加蛋白质和脂肪的摄入量。

要是忽略了这一点，体力反而会有所下降。这也是为什么有些人会抱有“控糖对身体不好”这样的误解。

所以，我建议孩子每天可以吃一两个鸡蛋。鸡蛋营养均衡又丰富，而且价格便宜，到处都能买到。

然而，曾经就有一个讨厌吃鸡蛋的孩子顺一（化名）来到了三岛学堂。

顺一并非对鸡蛋过敏，只是单纯不爱吃，所以我尝试了很多不同的做法，希望能让他接受，但最终都以失败告终。

他始终十分固执地拒绝吃鸡蛋，最后甚至不来学堂上课。父母原本希望我们能改善孩子的问题行为，才将他送来三岛学堂，可我却辜负了他们的期望。后来，我听说顺一连学校都不肯去了。

当然，鸡蛋虽然营养丰富，但是也有很多人是不喜欢的，还有些孩子只吃蛋清不爱吃蛋黄。不要强求。如果孩子实在不想吃鸡蛋，可以用其他食物代替。比如，鸭蛋、鸽子蛋、鹌鹑蛋、鱼、肉、牛奶和豆类。关键是控糖的同时要增加蛋白质和脂肪的摄入量，这样才能保证大脑营养的均衡。

第4部分

不表扬、不批评、不教导

——用阿德勒心理学加持孩子专注力

控制糖分的摄入，补充身体必需的脂肪、蛋白质、维生素和矿物质，大脑营养充足后，孩子的专注力便能获得极大的提升。

提升孩子专注力是一个繁琐、细致的过程，但要破坏专注力却轻而易举，老师的粗暴、父母的指责，诸如此类，都会让孩子紧张、焦虑、愤怒、消沉，无法将精力集中在学习上。

三岛学堂在实践控糖饮食的同时，还将阿德勒心理学作为实际教学的理论支柱，用“不表扬、不批评、不教导”的方法，让孩子自主成长，变得越来越自律。

01

如果想与孩子共鸣，请不要过分表扬他们

起初，我对阿德勒的思想并不了解，学堂开办后的 2 ～ 3 年时间里，在经历过大大小小的失败后，我终于总结出自己的一套教育理论。后来，我在看江部康二医生的书时读到阿德勒“不表扬、不批评、不教导”的理念，发现我苦思冥想所得出的教育方针——共鸣、尊重、信赖，与其在本质上竟然惊人的一致，我内心受到极大的震撼。

在这里，我想就“不表扬、不批评、不教导”三个要点分别梳理一下。

首先，让我们谈谈“不表扬”(No Praising)。

或许有些父母感到困惑，为什么不能表扬孩子呢？当孩子取得进步，做出成绩后，难道父母无动于衷，不夸赞他们吗？恰如其分的夸赞是可以的，但同时我们也要警惕——过度表扬会导致孩子依赖表扬，单纯去追求外在的奖励和认可，而忽视了自己内心的需求。下面这个故事，就很好地说明了这一点。

在小学阶段，七子各个方面都表现很突出，尤其是每次在学校取得优异成绩，妈妈都会不吝啬赞美之词，用聪明、能干、天才等词大肆表扬她。但随着时间的推移，到了中学她的成绩却直线下降，整个人也闷闷不乐，甚至还有逃课的行为。妈妈的表扬在此时失去了效力，每次妈妈的表扬都会招来七子的顶撞："你什么都不懂。"一次，当妈妈又一次表扬七子能干时，她居然勃然大怒，生气地甩门而去。

七子妈妈不明白，自己给了女儿那么多表扬，女儿不仅不领情，而且表现还越来越不如人意。

在三岛学堂，我与七子展开了一次深入的交谈。

“妈妈除了表扬，一点也不懂我。”七子抱怨说。

“难道你不喜欢被妈妈表扬？”

“我想要妈妈理解我。”

…………

那番谈话，让我找到了七子母女冲突的原因。不少妈妈都像七子妈妈那样，认为表扬可以让孩子建立自信，给予他们安全感，但殊不知，很多表扬都适得其反，会让孩子反感，造成亲子关系紧张。其中原因有下面几点。

一、七子从小被表扬，让她习惯了追求外部的认可和成就，而忽视了内在的努力和自我价值。这使得她过分注重学习的结果，而不是过程。

二、当七子没有得到想要的结果，自尊心和自信心受到打击，感到迷茫和无助的时候，妈妈的表扬如隔靴搔痒，七子得到的不是理解和安慰，有时候甚至听起来更像一种讽刺。比如那次，七子在学校搞砸一件事情后，妈妈说："没关系，你一直是一个很能干的孩子。"七子心想："我都把事情做成这样了，你居然还说能干，这不是讽刺是什么！"因而一怒之下甩门而去。

三、七子妈妈表扬七子，就像是一个足球评论员评判一场比赛——"这个球踢得很棒""那一脚太漂亮了"，是站在外面评价孩子，没有进场与孩子感同身受，理解孩子的沮丧、无助和焦虑。这就是七子说的——"妈妈除了表扬，一点也不懂我。"

多年的教学经验让我意识到，教育孩子最重要的一点是与孩子产生共鸣，而读到阿德勒"不表扬"的思想后，我茅塞顿开，如果想与孩子共鸣，就不要站在场外表扬、评判，而是要进入场内设身处地，理解他的感受，与之共情。缺乏共情的孩子不仅感到孤独，还会影响到情商。

在三岛学堂，我们不表扬孩子，但却会鼓励孩子。表扬是以局外人的身份对孩子已经取得的成绩和优秀表现给予肯定和赞赏，而鼓励是在理解孩子处境、困惑和感受的基础上，鼓励他发挥潜力，迎接挑战，不断提升自己。

总之，表扬容易滋生孩子的虚荣心，而鼓励则能调动孩子的内驱力。

02

不批评：被尊重的孩子才会有出息

日本有句谚语：被责骂的孩子会成长。

由于大多数日本人都相信这句谚语，所以我提出“不批评”（No Criticizing）的观点似乎有点犯了众怒。一位爸爸就当众质问我：“俗话说，凸出来的钉子会被敲打，孩子犯了错，身上有毛病，当父母的不批评怎么能行？”

“那么你的批评管用吗？”我问这位父亲。

他老实承认，孩子越大批评越无效，而且现在他与儿子的关系很紧张。

批评孩子不仅无法纠正孩子的行为，还会伤害孩子的自尊和自信，让他们变得或自卑，或脾气暴躁。自尊受到伤害的孩子，并不会反思自己的错误，并从中吸取教训，而是会对批评他的人心生怨恨。可想而知，长期使用批评教育的那位父亲，与儿子关系紧张也是意料之中的事。

在很多父母的观念中，教育孩子就是批评孩子，如果不批评，他们就不知道该如何管教孩子了，但其实不批评不是不教育。

阿德勒主张的“不批评”与我领悟到的“尊重”其实是一回事。不批评是在尊重孩子的基础上，让孩子自己去反思，去领悟，去吸取教训，阿德勒把这叫作“课题分离”。阿德勒认为人的烦恼基于人际关系,而“课题分离”是解决这些问题的关键。“父母”和“孩子”是不同的个体，无论父母还是孩子，都应该做好自己，不过分介入“对方”，这样既可以让孩子自主成长，还能够维系好最佳的亲子关系。举个例子，做作业是孩子自己的课题，而非父母的课题，不做作业可能产生的后果，例如成绩下降、考试不及格等，最终也只由孩子自己一人承担，所以父母没有必要批评孩子，只需要给他们提供学习的机会和场所就足够了。

当然，父母还应该让孩子知道不好好学习会产生怎样的后果，其余都可以交给孩子自己做决定。这样，到了小学高年级以后，孩子就能学会自己认真思考后再采取行动。

03

不教导：相信孩子自己能解决问题

最后一点是“不教导”（No Preaching），指的是教养者不要采取“单方面灌输”的教育方式。有些父母可能会认为“不教导”就是对孩子不管不顾，这显然是一个误解。不教导更多的是对孩子不干涉，尊重孩子的自主性，相信他们能靠自己的力量解决难题。

例如，在我们学堂，虽然大家都在同一个大教室里进行自学、自习，但同时我们也会根据学生的需求提供一对一的答疑辅导，并根据每个学生的水平配备相应的辅导资料，真正做到因材施教。

十分重要的一点是，老师或者父母要等孩子主动来问问题，而不是一直待在孩子身边催促干涉。

很多父母可能会觉得，小学生的问题这么简单，我也会教，便忍不住想告诉孩子怎么做，有时候甚至会对孩子说：“怎么这么简单都不会？”

然而，这种做法不仅会让孩子失去学习的积极性，还很可能会导致亲子关系恶化。

因此，父母在帮助孩子时，千万不要挫伤孩子学习的主动性。孩子需要引导，但是引导也要有尺度，任何时候都不能损害孩子的自尊、自信和自主性，而催促恰恰毁坏了孩子的自信和自主性。催促会让孩子觉得自己不能安排好自己的生活，让孩子觉得自己是无法自主写好作业的。

同样，管教孩子是父母的天职，让孩子将来少走弯路也是父母的责任。然而，如果整天只会对着孩子唠唠叨叨，反而会引起孩子的反感。

当孩子还在读低年级的时候，父母可以事无巨细一一指导。到了高年级以后，孩子无须父母的指示，也会懂得根据具体情况采取相应的行动。如果父母迫不及待地对孩子发号施令，只会让孩子逐渐失去自主行动的能力，变得越来越叛逆，最终形成恶性循环。

04

控糖饮食+阿德勒心理学，半年考上私立名校

小隆（化名）是在小学五年级的暑假之前来到三岛学堂的。

他原本上的学堂采用十分严厉的斯巴达式教育方式，常常对小隆进行批评责骂，令他对学习完全失去了信心，甚至还产生了厌学情绪。

有很多教育者在面对孩子成绩下降或者学习态度不端正时，就会用批评、打骂等方式，希望以此促进孩子改正，但他们不知道的是，这种方式恰恰摧毁了孩子学习的动力。

小隆的父母选择了三岛学堂，正是因为得知我

们实行“不表扬、不批评、不教导”以及“共鸣、尊重、信赖”的指导方针，希望我们在帮助孩子学习之余，也能给予孩子心理上的关怀。

正如父母所期待的那样，小隆逐渐适应了三岛学堂的学习模式，整体情况大有好转。

小隆当时就读于一所小中高一贯制学校，原本打算小学毕业后直接升入所属中学，没有考虑参加小升初考试。

但在六年级第一学期的时候[1]，因父亲工作调动的关系需要搬家，小隆便不得不加入到当地小升初的考试大军中[2]。

通常情况下，最轻松的办法就是入读新家所在地的公立初中。但考虑到未来的种种情况，一家人

---

1 日本小学每学年分 3 个学期，第一学期为 4 ～ 7 月，结束后有 40 天左右的暑假。

2 日本的小升初考试一般在 1 ～ 2 月举行。

还是希望他考入新地方的一所初高中一贯制寄宿私立学校。

于是，一进入暑假，小隆便开始了每天 14 小时的高强度学习，从早上 8 点辅导班开门一直学习到晚上 10 点关门。对于这个年纪的孩子来说，每天能在书桌前坚持 2 ～ 3 小时就已经不错了，哪怕考试迫在眉睫，很多孩子也难以如此长时间地集中注意力，但这就是三岛学堂模式特有的魔力。在三岛学堂，我们每天给小隆提供的都是控糖餐食。同时，我根据小隆的学习进度准备相应的辅导资料，每次小隆都能快速吃完饭，马上又继续埋头学习。

在“控糖饮食 + 阿德勒心理学”相结合的模式下，孩子虽然学习时间比较长，但专注力却比一般孩子好很多。

由于不想浪费时间参加集体模拟考，所以我让小隆每个周末做一套往年的模拟真题，结果发现成绩进步相当喜人。

刚开始的时候偏差值[1]只有 54，暑假结束时已经超过了 60，到了寒假，偏差值已经能十分稳定地保持在 65 左右了。

最后，小隆以十分优秀的成绩考上了新家附近的爱光中学。

仅仅花了半年时间就能考上私立名校，实在非常了不起。

这其中，控糖饮食为孩子提供了长时间学习所必需的能量，而三岛学堂特有的学习方法，激发了孩子学习的积极性。

1 “偏差值”，在日本被看作学习水平的反映，可从中看出每个学生在所有考生中的排名情况。简单来说，偏差值数字越高则成绩越好。

05

调整饮食和育儿法，孩子从厌学到爱学

当孩子厌学的时候，有些父母不知所措，不明白为什么孩子不愿意上学。

其实以我至今接触过的孩子的情况来看，导致孩子产生厌学的主要有三个原因：

- 交不到朋友。
- 与老师合不来。
- 学习跟不上。

其中第三点可以通过改变饮食和育儿方法来

解决。

但第一、第二点的原因却盘根错节。日本社会少子化问题越来越严重、家庭规模逐渐缩小、社区日渐衰落等问题，都从根本上导致了越来越多的孩子难以适应集体生活。除此之外，越来越多的父母，因为各种各样的原因，他们不愿意带着孩子出门社交，或者在孩子社交障碍时无法提供有效帮助，这都在一定程度上阻碍了孩子的社会性发展。

还有一个原因是，越来越多的父母过度关注学习，特别是在学前阶段，很多父母只专注于提前让孩子学习知识，而忽视了必要的社交培养，这也导致孩子进入学龄期后缺乏社交能力。

而另一方面，孩子的自尊心比大人还要强，不善于建立人际关系。心理学家阿德勒也曾说过："人的一切烦恼都来自人际关系。"

如果孩子因为无法处理好人际关系而不想上学，

可以不要求孩子到教室去，而先让他们待在保健室里。最重要的是让孩子保持上学的习惯，所以哪怕到学校后只待在保健室也没关系。这样，孩子就能逐步增加与其他同学和老师的接触，慢慢地适应学校这个社会。

保健室里有专门的保健医生，能像母亲一样对待孩子，十分温柔、包容，对于难以适应集体生活的孩子来说，是可以安心休憩的一片绿洲。

当然，这个方法只适用于义务教育阶段，升入高中以后，由于有学分要求，长期待在保健室不去上课会被留级或者无法毕业。这也是小学、初中阶段不上学的儿童有 12 万人，高中阶段的数据却为零的原因。

即便如此，由于日本有些高中采用的是学分制，只要修满规定学分就能毕业，有了这样的制度兜底，对于那些想上大学，或者想获得高中文凭的孩子来说，想要挽回还是有制度帮助的。

但这些都只是治标不治本的办法。

要是孩子在一个孤立的状态中学习，一直没有克服社交和沟通的障碍，那么即便修满足够的学分毕业，进入社会后能否像其他人一样活跃于各行各业还是个未知数。

对于这些苦于上学的孩子，父母除了给予细致周到的帮助外，在小学三年级之前，有必要让他们知道，人是群体性动物，必须遵守群体的规则。在培养孩子自我表达能力的同时，也要让孩子认识到接纳他人的重要性。

06

小学三年级，孩子各项能力的关键期

小学三年级是一个十分重要的时期，因此我想对此进行进一步的探讨。

孩子 2 岁左右的“宝宝叛逆期”并不难应付，很多妈妈自己就能处理好；初一、初二时候的“青春叛逆期”由于可以预料得到，只要提前做好准备问题也不大。

唯独小学三年级这一时期，往往会被很多父母忽视。

三年级的孩子，一般都能独立完成很多事情，然而要是父母过度高估孩子的能力，对孩子过分松懈，就可能会造成难以挽回的后果。

很多孩子从三年级开始出现厌学的“症状”，有的一直持续到初中，有的中间情况一度好转，可一升上初中就会“复发”。所以，小学三年级这个时期极为关键。

如果说初一、初二的青春期问题是由第二性征期（发育期）的激素分泌不平衡引起的，那么三年级这个时期的问题大概就是因为“大脑发育不平衡”造成的。此时孩子的脑中仿佛同时住着两个小人儿，一个是已经懂事的“大人”，一个是还没长大的“宝宝”，两者相处常常会产生各种摩擦和冲突，最终也就导致了大脑在这个时期进入一种危险的失衡状态。

在此之前，一二年级的“小豆包”一直都在父母的庇护下长大，但随着年龄增长，他们的自我意识逐渐觉醒，开始关注自己，并强烈地意识到他我的存在。

同时，孩子也开始能够进行逻辑思考，不像过去那样只凭情绪行事。

虽然大脑的发育程度因人而异，但总体来说，这个时期大脑发生的种种变化，令孩子陷入一种混乱的状态。

因此，在小学三年级这个阶段，父母一定要帮助孩子。一方面不能像小时候一样什么都管孩子，要适度放手，让孩子有自主性；另一方面，父母要多去引导孩子提高社交力，学会如何更好地让自我与他我融洽相处。

我们学堂的孩子基本不存在厌学的情况。分析原因，其中最主要的就是我们这里不仅是一个学堂，更像一个大家庭，成员小至小学一年级的孩子，大至高考复读生，甚至还有23岁再次挑战高考的学生，他们年龄各不相同，却能像家人一样关系融洽。

这样的相处环境，可以锻炼孩子之间的社交力和适应力。因为在少子化、核心家庭化、社区衰落的大环境下，人们越来越难有机会在孩童时期进行代际交流，这种现状妨碍了儿童的身心健康发展，而我们学堂的孩子因为有更多机会接触不同年纪的人，所以在社交力上都很好，基本可以排除因为无法处理好人际关系而不愿意去上学的诱因。

07

上课专注力，来自哪里?

要想让孩子高高兴兴地上学，有一条捷径就是：让孩子听懂上课的内容。

父母们肯定会说：“要是孩子能听懂，我也不用那么操心了！”

其实，学校的课程都是为大多数学生而设，也就是说，大多数孩子肯定都能理解老师教的内容。

而要听懂上课内容，并没有什么特殊门道，无非做好预习和复习。

无论小学生还是大学生，都是一样的。

课前充分预习就能知道下一节课的知识点是什么。做好了预习再听老师讲课，就能对学习内容有八成以上的理解。理解了上课内容，学习起来就更有积极性，也能更好地与老师互动，跟老师的关系也会更加融洽，自然而然地就会更加爱去学校。

当然，复习的时候肯定还会发现一些无论如何都想不通的问题，这时只要向老师问明白就可以了。

道理虽然很简单，但小学阶段的孩子可能还不能理解。

所以当孩子上课听不懂、觉得没意思的时候，常常会画些和课堂无关的涂鸦，又或者故意捣乱，干扰其他同学上课。

上课听不懂，除了没有做好预习复习之外，有时候可能是因为一些看似微不足道的“空白部分”，比如孩子因感冒请假而错过了老师讲课的重点。

因此，如果是因为这样不得不请假，我们可以在请假后帮助孩子填补这一部分的缺失。

例如，等病好后让孩子向老师请教课堂重点，一般老师都会很乐意解答。要是实在不好意思问老师，也可以让孩子多向学习好的同学请教，这样孩子会更没压力。因为孩子如果怕老师，或者老师没有空闲，抑或情绪不好，这时去请教老师，老师很可能会急躁或者讲解不详细，孩子的问题便得不到解决。

另一边，帮忙补课的孩子为了将问题讲解得清晰明白，自己需要进行一番思考，在这个过程中自然也能加深对知识的理解，最终教学双方都能有所收获。

总之，这是一件对双方都有益的事，同学和老师都会乐意去做。

08

这样做，孩子写作业不用催

孩子最讨厌的莫过于做作业了。要是不用做作业的话，上学肯定会开心很多。

学校是学习的场所，家则是休息的地方，可孩子回到家后还要面对堆积如山的作业和预习、复习任务，再加上参加辅导班，都快要喘不过气来了。

所以，作为父母，首先要理解孩子。做作业绝对比打游戏的乐趣要少很多，有时还会觉得十分枯燥，甚至需要孩子动用自控力来完成。

在理解孩子的基础上，给孩子提供帮助，让孩子轻松愉快地完成作业。

有的父母认为，督促孩子认真写作业是自己的责任。

当然，这也确实是父母该做的事。可在小学阶段，态度不应过于强硬。

强迫孩子学习和做作业，会很容易给孩子带来压力和心理阴影。

相反，如果孩子体会到了主动学习的乐趣，以后就会更加自觉地学习。

其实对于父母来说，不应该主动告诉孩子先写哪个作业，而要让孩子学会规划。父母可以主动问孩子：作业这么多，你想先写哪个作业啊？有些孩子可能说不知道。这时，父母可以引导孩子对作业进行归类，比较难写的作业放一边，好写的作业放一边。但通常难的作业和简单作业只是相对的，抄写类作业比较枯燥，所以孩子会觉得难。有些孩子不擅长写读后感之类的作业，也会觉得这类作业比较难。当然，孩子自己列的规划可能不那么合理，但不要着急去纠正，可以在执行的过程中再引导孩子做调整。

一切以孩子的想法为准。

毕竟成长是孩子自己的事情，无论父母多么爱孩子，也不能代替孩子成长，父母仅仅是孩子成长的脚手架。

09

无须父母指导，
教辅书是孩子自学最好的老师

我十分推荐学有余力的孩子使用一些市面上的各式辅导教材。

现在的练习册都配有很详细的解析，孩子做题时一般都不需要父母从旁指导。父母可以参考网上的评价，一次性买几本符合孩子水平的练习册。

最好挑选一些薄薄的、难度适中的练习册，这样孩子只要花 2 ～ 3 天就可完成，更容易产生成就感，学习起来也会更加积极主动。

孩子做题时，可以把练习册的答案打开放在一边，按照这个步骤来完成：读题→解题→对答案→

看解析。

按照这样的步骤，每道题目花 5 ～ 10 分钟时间一道道做下去。看了解析还是不明白的话，可以先做个标记，继续做下一题。

如果做完一轮题目再对答案，中途遇到不会做的就这么放着不管，很可能下一道题目依然不会做。所以我建议每做完一道题就对一次答案。

小学三年级以下的孩子可以让妈妈帮忙批改，四年级以上的高年级生就应该养成自己独立完成的习惯。

学堂里有学生跟我反映，练习册的答案在妈妈手上，没法对答案。

有些妈妈担心孩子拿到答案后会照抄照搬，所以会把答案收走，其实这种做法并不明智。

教辅书上的答案和解析正是孩子最好的“老师”。如果孩子看完解析后还是不懂，可以再来问问父母或者老师。让孩子自学的本意是相信孩子有足够的能力学会，教辅书是孩子的脚手架，借助这一脚手架孩子才能真正学会，做完题看答案解析也是孩子在脚手架的帮助下学习知识的过程。当然，这一脚手架并不完善，所以还需要父母这个脚手架。

当然父母也需要明白，让孩子看答案并不是让孩子抄答案、记答案，而只是为了让孩子看解析明白自己究竟卡在哪里，是不是哪个知识点还没弄懂。

10

在客厅学习，更能锻炼孩子的专注力

经常有妈妈问我：“孩子学习，是不是要给他们一个自己的房间？”

我的回答是：“要根据自己的家庭情况以及孩子的情况来决定。”

一是因为不同家庭的住房条件和成员构成各不相同，要让孩子在完全无干扰的情况下学习不太现实，也不利于家庭成员的正常生活。

二是从培养孩子独立性的角度来看，当孩子想自己睡的时候，可以给他们一个独立的空间，但从学习角度来看，我不太建议要求家里完全安静。

通常我们会觉得，孩子学习的时候，必须让他一个人待在房间里，这样才能集中注意力，但其实这样反而会产生问题。

正式考试的时候，考场内不可能只有自己一个人，如果在这关键时刻受周围的声音干扰而无法集中精神，成绩很可能会大受影响。

因此，为了让孩子在任何环境中都能稳定发挥实力，父母不用非得把孩子关在一个屋子里，可以尝试让孩子在客厅或者开着卧室门学习，锻炼孩子的专注力。

孩子在客厅或卧室学习的时候，只要聊天不会过分干扰到孩子，家里人就不需要刻意保持安静。大家可以做自己想做的事，而孩子也能保持专注，这种状态是最为理想的。

不过，也要看具体情况，有些孩子对声音敏感，所以嘈杂的环境很难学习，特别是低年级段孩子很容易分神。如果环境嘈杂，学习效率反而更低。而且，孩子学习，大人聊天，孩子会觉得特不公平，更不愿意专心学习。

所以，我们需要根据孩子对声音的敏感度来决定。

但有一点需要注意，此时尽量不要打开电视，父母要以身作则，为孩子创造良好的学习环境。

11

孩子看电视、玩游戏、不专心学习，怎么办？

当孩子在客厅学习的时候，父母最好不要打开电视，以防孩子一边做作业一边看电视。但其实，孩子平时适当看看是没有问题的。

当然，长时间看电视不利于孩子的成长。日本儿童科学协会的一项调查发现，长时间看电视的儿童，其中出现发育迟缓情况的比例，是没有长时间看电视的儿童的 2 倍。

可尽管如此，父母不应该，事实上也无法完全禁止孩子看电视。

所以，父母可以定些规矩，限制孩子看电视的时间，比如规定“吃饭的时候不可以看”“做完作业以后 17 ～ 19 点可以看”等等。

对待孩子玩游戏的问题也一样。这一代的父母很多都是从游戏中成长过来的，也知道游戏对于一个孩子的童年是不可避免的，所以偶尔和孩子一起玩，聊一聊也无可厚非，适当的交流还可以增进亲子关系。

可对于那些上班地点很远，或者经常需要加班到很晚才能回家的父母来说，如何管理孩子玩游戏的时段和时长就成为一个大难题了。

更何况，现在市面上推出越来越多可以在智能手机和平板电脑上玩的游戏软件和 APP，有些孩子会以学习的名义在房间里偷偷玩游戏，有些甚至玩至深夜导致早上起不来。因此，对于这类情况，父母则要采取更加严格的游戏限制规定。

孩子玩游戏的话，限定好时间，如“最多只能玩 1 小时”，并且要把孩子一天的时间表写出来贴到墙上。如果孩子自己做不到，可以把智能手机和平板电脑暂时收起来，等父母下班后或周末奖励 1 小时的游戏时间。

另外，父母还可以多加一条限制，如果孩子违反约定，就会被罚一周不能玩游戏。

这样一来，孩子就会明白，原来不遵守规则就要自食其果，自然也就慢慢学会遵照规则行事了。

虽然阿德勒心理学提倡“不表扬、不批评、不教导”，但有时候父母还是有必要以坚定的态度，教导孩子遵守规则。规则是自由的前提，自由是在一定规矩下的选择。

这种意识要从小培养，等孩子长大再教就晚了。

除了给孩子立规矩，还可以给孩子安排丰富的闲暇活动，比如下棋、读书、跑步等有益健康的游戏。孩子爱玩电子游戏，本身就是一种对娱乐的需求。如果父母能和孩子玩互动游戏，或者允许孩子参加户外活动，那孩子娱乐的需求被满足，玩电子游戏的机会就会少很多。

又或者把玩电子游戏看作一种奖赏，当孩子早早完成作业，可以允许孩子玩一会儿游戏。

12

聊聊天，就能培养孩子韧性

和家长面谈的时候，经常听到他们说自家孩子没有韧性，遇到一点小挫折就心灰意冷。

要想培养出一个不惧失败、坚韧不拔的孩子，家庭教育应该注意些什么呢？

在我看来，其中最重要的一点是父母千万不能总催促孩子。

试想一下，孩子因为跟不上学习进度而厌学，在这种情况下，父母还要求孩子考 100 分，这显然太不现实。

父母首先要做的应该是解决孩子的厌学问题，再耐心地一步一步慢慢引导。

可有些父母过于着急，要求孩子尽快出成绩。

实际上就有不少凭自己意志重新站起来的孩子，被来自父母的压力和期待压垮，再一次丧失干劲。

因此，父母一定要注意配合孩子的步调，千万不能操之过急。

我的妻子在北九州的三岛学堂主要负责辅导小学生，每当孩子来到学堂，她就会陪着他们聊天。

父母们工作繁忙，可能没有多少时间听孩子说话。

而我妻子则会不厌其烦地认真倾听。这其实也是一种配合孩子步调的方式。

聊完天后，孩子们感到心满意足，就能自觉地做起作业。这是因为他们此时没有了杂念，可以将全部心思集中在功课上。

孩子如果能按自己的意愿和步调努力，是不会轻易气馁的。相反，如果身边的人随意打乱节奏、一味催促，只会令孩子感到沮丧或烦躁。

13

“课题分离”：阿德勒教你如何让孩子发挥自己的才能

作为父母，千万不能否定孩子的才能和梦想。例如，当喜欢游戏的孩子说“我长大以后要当一名游戏制作人”的时候，父母不应该站在大人的角度去否定孩子，泼冷水说“那是不可能的”。

孩子升上中学以后，自然就会对现实有更多了解，理想职业也会随之改变。所以父母完全没有必要急于否定孩子的梦想，浇灭孩子的热情。

从阿德勒心理学的“课题分离”理论来看，父母也不应该将自己的职业理想强加在孩子身上。

要是真的非常希望孩子能从事某项职业，也应该让学校、辅导班老师或亲戚朋友帮忙将想法委婉地传达给孩子。

而且父母也要想清楚自己想把孩子培养成为一个怎样的人，再以此制定教育方针。

如果爸爸妈妈配合良好，就不会出现过度保护或过度干涉的情况。

要是爸爸平时对孩子不管不顾，出现问题后就责怪妈妈的教育方式有问题，这样不仅对孩子成长不利，还会导致夫妻关系恶化。

所以在如何教育孩子的问题上，父母之间一定要多多沟通和商量。

学堂里有位学生，她的爸爸就是过度干涉孩子的一个典型例子。他习惯一手包办所有育儿任务，哪怕本该是妈妈做的事情也要揽到自己身上。

除了参加学校和辅导班的家长面谈，他还会预先做好准备，收集大量十分专业的升学资料，不停地向孩子灌输。

马上要上初中的女儿十分讨厌爸爸这么做，经常会故意对着干。

我得知后，就在面谈的时候向他提意见，希望今后不要过多干涉孩子。后来，父女的关系总算渐渐有了好转。希望大家都能以此为鉴，认识到过度的干涉只会产生反效果。

家长只能影响孩子,不要去控制孩子。所谓影响，就是提供环境，让孩子在环境的浸润下自我选择。所谓的控制，就是强行输入观点，并让孩子照着做。

当然，在家庭教育中主要负责督促孩子的妈妈也同样要注意。

为了避免过度地关注孩子，父母可以发展一些个人的兴趣爱好。

与其将自己的梦想强加在孩子身上，或者因夫妻关系不和而将注意力投向孩子，倒不如尽情享受自己的人生。

总之最重要的是，父母千万不能过度保护，剥夺孩子自由学习、参加社团活动的时间。

14

孩子的出生顺序与性格之间的关系

经过长时间观察学生们的行为，我发现孩子的性格会因家庭里有多少兄弟姐妹、在家里排行第几而有所不同。

虽然时代在进步，但很多时候长子仍然会被父母和祖父母视作家里的继承人，所以往往会在不知不觉中背负着这种期待成长。心理学家阿德勒也曾说过，家庭结构以及兄弟姐妹的多少等因素会对一个人的生活方式产生巨大影响。

所以在教学中，我也会考虑学生是否有兄弟姐妹，男孩、女孩的比例是多少，在家里排行第几等因素，再对他们做出相应的指导。

接下来，我会分享一些基于我个人经验的分析和应对方法。

·长子和长女

通常性格沉稳，责任心强。然而，由于集父母的宠爱于一身，从小受到无微不至的爱护，因此做事往往缺乏主动性。

特别是在小学低年级以前，孩子不知道自己该做什么、从何入手，经常需要父母带领着制订学习计划。仅凭孩子主动的话，事情往往很难获得进展。

·次子和次女

稍不留神就会被更有能力、更强壮的哥哥姐姐抢走玩具和零食，所以通常比较有竞争意识。

父母可以偶尔尝试一下激将法，让孩子做练习册的时候，只需要说一句“看看你会不会做”，孩子马上就会自觉用功起来。

在攻克一本又一本习题册的过程中，孩子会越做越起劲，迅速就能完成任务。

· 幺子和幺女

虽然从小备受宠爱，但由于做什么都输给哥哥姐姐，所以性格上可能有些乖僻，这点需要父母多加注意。为了让孩子保持自信，父母可以挑一些难度适中的练习册，让孩子发挥八成实力就能一道接一道地完成，以此激发孩子学习的积极性。

· 独生子女

性格比较接近长子长女，尤其需要父母多加关注。因为特别擅长和大人打交道，往往会被放任自流，形成我行我素的性格，所以也有必要让他们适当参与到竞争中。

无论如何，在小学阶段，父母始终是和孩子相处时间最长的人，所以必须尽可能挖掘并发挥孩子的潜能。

15

不要拿孩子与兄弟姐妹或别家小孩做比较

“哥哥都会做，你为什么不会！”“你要多向姐姐学习！”……为了激励孩子，很多父母都会不自觉地拿孩子与其兄弟姐妹做比较。

这种做法其实极为有害。

当然，除了自家孩子，父母也不应该拿同学或其他小孩做比较，说些“你能不能学学人家谁谁谁认真一点！”之类的话。

因为这种方式并不能起到正面的鼓舞作用，反而会让孩子感觉自己被全盘否定。

为什么不能总拿孩子做对比呢？这是因为每个

孩子生下来就不同。有的孩子天性敏感，无法面对自己不如人的境况；而有的孩子天生能力强，所以先天带着优越感，即使有一点不如人，也不会太在意。身为家长,我们要认识到,孩子本身起点就不同,所以成长速度不同，随意对比是不客观的。

如果孩子在兄弟姐妹面前感到自卑，那么作为父母就更应注意发掘孩子的长处，经常给予鼓励。

相比孩子的优点，家长往往更容易将自己的注意力放在孩子的缺点上面。但在小学阶段，父母特别需要多多发现孩子的闪光点，通过鼓励的方式使他们的潜能得到发挥。

弟弟的数学不及哥哥好，可语文或其他科目却可能十分优秀。因此，父母不能把孩子们都放在同一个赛道上比赛，而应该多关注孩子自身的特质、个性和长处，帮助孩子找到自信。

只要有一个优点让孩子自信起来，那么哪怕被人否定、打击，孩子也能拥有一份底气，知道自己的优势在哪里。

总而言之，孩子能否发挥自己的才能，99.9 %取决于父母。

16

品质好的节目，可以提高孩子的思维能力和词汇能力

从 2020 年起，日本的高考制度开始全面改革，初中和高中的升学考试也在逐步转变。

改革后的高考，不再单纯考核学生是否掌握所学知识与技能，更重视检验学生是否具备活学活用的能力，即综合的思维能力、判断能力和表达能力。

数学的考题设计也与过往不同，考生不能单靠背记公式得分，而必须在解题中展现自己的思考过程。此外，小论文、小组讨论等形式也越来越受到重视。这些改变让学生无法仅凭死记硬背得出答案，有些题目甚至会令考生疑惑是否真的存在答案。

作为父母，肯定希望能尽快提升孩子的综合能力，为新的考试模式做好准备。

可能你没想到，和孩子一起观看一些资讯新闻类的节目其实是个不错的选择。例如东京电视台的经济访谈节目《寒武宫殿》、以日本各行各业杰出人物为题材的人物纪录片《情热大陆》、深入挖掘不同领域专业人士的纪录片《行家本色》等。

这些节目以影像的方式呈现一些单凭文字无法传达的内容，更容易让人留下深刻的印象，是激发孩子学习兴趣的一个极佳入口。

通过不同主题，孩子能认识到社会问题与自身的联系。

在思考“为什么”“怎么办”的过程中，孩子的思维能力也将不断得到强化。

增广见闻之余，看完节目后一家人分享各自的感想和见解，也能有效锻炼孩子的词汇能力、阅读理解能力和表达能力。

孩子的学习可以通过各种方式。除了听老师讲课，还可以借助书籍、影视，也可以经常旅游去看一看，更好地与很多知识面对面接触。也可能孩子在书中学不会吸收不了的知识，一趟旅行孩子就理解了。

因此，父母要有意识地学会善用品质好的节目来引导和教育孩子。

鼓励孩子平时多对社会上形形色色的问题进行思考并表达自己的想法，对孩子长大成人以后也大有帮助。可以试着问孩子几个问题：如果是你，你会怎么办？还有没有其他方法可以达成目标？这个人为什么会做这样匪夷所思的事情呢？如果是你，你会怎样帮助他呢？也可以鼓励孩子提出问题，这也是锻炼孩子思维的一种方式。

17

如何引导孩子使用社交网络

曾经有妈妈问我：“让孩子使用 LINE 等社交网络真的没问题吗？”

据一项调查数据显示，4 成小学生、6 成初中生，以及 9 成高中生都在以某种形式使用智能手机。其中，有 6 成使用聊天应用 LINE，4 成使用视频网站 YouTube。

事实上，也经常能看到不少低年级的小学生十分熟练地玩着自己专属的手机或平板电脑。

讨论这种现状的好坏已经没有意义，真正重要的是父母应该教会孩子如何正确使用电脑和网络，父母和孩子互相了解彼此应该怎么做，共同制定出一套有效活用的方法。

例如，孩子应该做到：

· 遵守网络礼仪。

· 不要打开垃圾邮件。

· 遇到问题要及时和父母商量。

· 规定使用时间。

相应地，父母也要做到：

· 规定使用时间。

· 留心观察孩子有否遭受欺凌。

· 网络成瘾多源于自我表达的需要，因此要注意增加亲子间的沟通。

· 根据孩子年龄，设置不同的过滤条件。

· 加强自身对电子产品的了解，在必要的时候给予孩子帮助。

同时，父母的认知也要更新。正如手机只是一种工具一样，其实网络也是一种工具。我们可以利用网络查资料、看电影，也可以和家人视频沟通感情。当我们能合理利用网络，孩子也会受此感染对网络有一定的认知和甄别。

附录

孩子们的营养餐

三岛学堂的一周菜谱

三岛学堂全年无休，盂兰盆节、新年都不放假，坚持每天为孩子准备营养晚餐。一到暑假等长假期，就会有学生从外地甚至海外远道而来，他们一般住在短租公寓或酒店，所以在 40 天的假期里，我们都会提供早、中、晚三餐。

为了让孩子每一顿饭吃起来都有新鲜感，即使同样的食材也不会腻，我们需要在菜单上不断花心思。尽管这意味着要准备 120 多款不重样的菜式，但一想到孩子们一天到晚待在学堂里学习 14 小时，三餐可谓是他们唯一的乐趣，我们做饭也会变得更有干劲。

在此，我将从中挑选出一些特别受孩子欢迎的菜式分享给大家。这些菜简单易做，哪怕是学堂里的小小厨房，没有热水、排气扇，只有一台电磁炉和微波炉也能完成。

本菜谱的分量根据小学生所需营养制定，希望能给大家一个参考。

星期一

汉堡排

（含糖量11.0克　※含酱汁）

[用料] 1人分量

- 牛肉馅 100克
- 猪肉馅 50克
- 洋葱 1/4个
- 鸡蛋 2个（1个用来煎肉饼，1个做煎蛋）
- 高野豆腐粉 12克
- 盐、胡椒、肉豆蔻适量
- 橄榄油 1茶匙

小贴士

往平底锅中剩余的肉汁中加入红酒、意大利香醋、番茄酱各1汤匙，稍微煮一下酱汁就做好了！

[做法]

❶ 将洋葱切碎（一半留着备用，一半放到平底锅中加入1茶匙橄榄油小火炒熟）。

❷ 将猪肉馅和牛肉馅、1个鸡蛋、洋葱、高野豆腐粉、盐、胡椒、肉豆蔻放入碗中，充分搅拌均匀。

❸ 将步骤❷的材料捏成圆饼状，挤出空气，在中间轻压一个凹坑，再往平底锅中倒入橄榄油，将肉饼煎熟。

❹ 煎一个荷包蛋做配菜。

星期二

番茄蛋黄酱拌鸡胸肉

（含糖量5.9克　※含酱汁）

[用料] 1人分量

- 鸡胸肉 150克
- 盐、胡椒适量
- 番茄酱 20克
- 蛋黄酱 20克
- 鸡蛋 2个
- 葱（青段）少许

小贴士

保鲜袋遇热会释放化学物质，所以鸡胸肉下锅时一定要剥掉保鲜袋，这样煮过的水也能用来做汤。

[做法]

❶ 洗净鸡胸肉后擦干水分，保留鸡皮，撒上盐和胡椒，装入保鲜袋，放进冰箱冷藏一晚。

❷ 用锅烧水，沸腾后用水冲洗步骤❶的鸡胸肉再放入锅里。再次煮沸后关火，放置2小时左右。

❸ 将煮熟后的鸡肉切成适当大小，拌上番茄酱和蛋黄酱即可。

❹ 在剩下的汤汁中加入盐和胡椒调味，倒入蛋液，最后撒上葱花，汤就完成了。

星期三

猪肉千层饼

（含糖量4.6克）

[用料] 1人分量

- 切片猪颈肉 200克
- 盐、胡椒适量
- 比萨专用奶酪 50克
- 橄榄油 1茶匙
- 番茄酱 1汤匙

小贴士

如果喜欢西红柿或茄子，可以将其切成薄片夹到千层饼中。

[做法]

❶ 将猪颈肉放到案板上，撒上少许盐和胡椒。

❷ 将猪颈肉和比萨专用奶酪逐片交替叠好，切成适当的大小。

❸ 在平底锅中倒入橄榄油加热，放入步骤❷的材料，盖上锅盖，用小火慢煎10分钟左右。

❹ 熟后浇上番茄酱，转大火至表皮微焦即可。

星期四

酱汁鸡腿

（含糖量1.0克）

[用料] 1人分量

- 鸡腿肉 200克
- 酒（最好不含糖） 50毫升
- 酱油 50毫升
- 生姜适量（按个人喜好）
- 橄榄油 1茶匙

小贴士

推荐尝尝和风口味，做起来也十分简单。

[做法]

❶ 将鸡腿肉清洗干净，擦干水分，在鸡皮上轻轻划几刀。用酒、酱油、生姜（按个人喜好）调制酱汁，腌制鸡腿肉30分钟左右。

❷ 在平底锅中倒入橄榄油加热，将带鸡皮的一面朝上放进锅中，盖上锅盖，用小火煮20分钟左右。

❸ 熟后翻面，至表皮微焦即可。

星期五

红烧肉

（含糖量2.9克）

[用料] 1人分量

- 猪五花肉 250克
- 酒（最好不含糖） 40毫升
- 酱油 40毫升
- 大蒜 10克
- 水 70毫升

小贴士

大蒜彻底煮熟后不会有蒜臭味。可提前做好，用在便当上。

[做法]

1. 将五花肉切成5厘米见方的方块，加入酒、酱油、大蒜和水一起煮。
2. 煮沸后转小火焖2小时左右，至肉质变软即可。

※ 使用高压锅能大大缩短时长，等锅发出“哔——”的哨响后再焖15分钟即可完成。

星期六

鸡皮煎饺

（含糖量5.6克）

[用料] 1人分量

- 鸡皮 100克
- 猪肉馅 100克
- 白菜 100克（或等量的卷心菜、洋葱）
- 大蒜 10克
- 盐、胡椒适量
- 橄榄油 1茶匙
- 柚子醋 40毫升
- 柚子胡椒酱、辣椒油(依个人喜好)

小贴士
用生菜包着吃会更清新可口。

[做法]

❶ 将白菜切碎，轻轻挤压出水分。

❷ 将步骤❶的白菜和猪肉馅、大蒜、盐、胡椒拌匀，用鸡皮包起来。

❸ 在平底锅中倒入橄榄油加热，放入步骤❷的材料，盖上锅盖，用小火慢煎。熟后翻面，转大火煎至表皮微焦即可。

❹ 除了柚子醋，还可以根据个人喜好加点柚子胡椒酱或辣椒油一起吃。

星期日

炸猪排

（含糖量8.1克　※含酱汁）

[用料] 1人分量

· 猪颈肉 200克

· 盐、胡椒适量

· 鸡蛋 1个

· 豆渣粉（微粒和粗粒两种）适量

（也可以用低糖面包粉代替）

· 生榨芝麻油或米糠油（用于油炸）

小贴士

面糊容易脱落、烧焦，注意入锅后不要翻动。

[做法]

❶ 在猪颈肉上撒上盐和胡椒，裹一层蛋液后蘸上微粒豆渣粉。

❷ 再裹一层蛋液，蘸上粗粒豆渣粉，放进锅里油炸。

❸ 用165℃油炸5分钟后，调至180℃再炸1分钟即可。

冲刺！

简单易做，最适合考生的夜宵美食！

芝士鸡蛋饼（含糖量3.5克）

[用料] 1人分量

- 比萨专用奶酪 40克
- 鸡蛋 2个
- 喜欢的蔬菜

（在三岛学堂最受欢迎的搭配是4个小番茄加1根煮菜豆）

[做法]

❶ 小番茄切半，菜豆斜切。

❷ 将比萨专用奶酪放入特氟龙涂层的平底不粘锅中加热，当奶酪发出滋滋响的时候就可以倒入搅拌好的蛋液和步骤❶的材料，盖上锅盖。

❸ 约3分钟可熟，打开锅盖，收干水分至口感适中即可。

※ 由美食烹饪家井原裕子研发

本菜谱的三大特点

① **考虑到孩子的味觉尚未发育完全，胡椒等香辛料的使用量会比一般菜谱少。**

② **多用蔬菜、海藻和豆类，以改善孩子的肠道健康。**

③ **更加注意调味料中的添加物成分。**

正是如此营养丰富的饮食为大脑提供了充足的能量补给，让我们三岛学堂的孩子能专注学习14小时。

结语

是时候换个方法提升孩子的成绩了

十分感谢你能读到本书的最后。

2016 年 11 月，我终于出版了自己的第一本书《控糖饮食拯救孩子》（大垣出版社出版）。在此之前的 5 年间，我曾遭到大大小小十几家出版社的拒绝。

可这仿佛已成陈年旧事，因为就在最近短短 1 年时间里，我的书已经有了很大的反响。

借用江部康二医生的话，“控糖饮食法在改善生活习惯病的食疗以及减肥节食上更进一步，有望成为解决育儿难题的一张王牌”。

前段时间，一家电视台到我们三岛学堂进行了跟踪采访，后来在节目上播放了一段 15 分钟左右的片段。在采访的最后，记者井上先生（吉本兴业公司）问我：“三岛老师，您为什么一直坚持这项事业呢？”

我当时脱口而出，“因为我知道了什么才是对的”。

很多父母都因孩子专注力的问题而困扰，尝试通过心理辅导和专业医生解决，却忽视了营养对孩子大脑的影响。孩子的胃是有限的，如果摄入太多高糖饮食，身体必需的营养就远远不够。

这样的饮食无法让孩子的大脑好好工作。

身体一旦能量不足，就很容易出现困倦、疲劳等症状，甚至会在关键时刻掉链子。

就算老师讲课讲得再引人入胜，孩子都只会整节课昏昏欲睡，成绩自然也就难以获得提升。

是时候换个方法提升孩子的成绩了。

在三岛学堂，我们限制了糖分的摄入，为孩子们的身体提供了充足的营养，大大提高了他们的专注力。

在这里，既有高考落榜的补习生，也有受厌学情绪、多动症、学习障碍或家庭暴力等不同问题所困扰的孩子。我们对所有学生都一视同仁，从不区别对待，而孩子们也能在同一间教室里和睦相处，一起学习。

来参观的家长都很惊讶，从小学生到复读生，竟然都能如此专注于自己的学习长达十几小时。

而更让他们感到惊奇的是，我常常一边看着孩子们，一边还能自己写稿、读书或者接待客人，从来无须主动指导学生或者给予他们具体的指引。

其实这并没有什么好意外的。

因为我有信心，有了控糖饮食作为基础，阿德勒心理学“不表扬、不批评、不教导”的指导方式一定能收获良效。

最后我要在这里特别感谢一路以来支持我的各界人士，包括热心关注“北九州控糖先锋”月度例会和脸书“儿童控糖”账号的朋友们，以及百忙之中为本书作序的江部康二医生、沟口彻医生，还有不断给予我力量和鼓舞的家人。

十分感谢你们的支持。

2017 年 9 月

三岛学堂校长 三岛学